Gouvernance en Afrique

La théorie générale de la gouvernance économique

Collection « Études africaines »

dirigée par Denis Pryen et son équipe

Forte de plus de mille titres publiés à ce jour, la collection « Études africaines » fait peau neuve. Elle présentera toujours les essais généraux qui ont fait son succès, mais se déclinera désormais également par séries thématiques : droit, économie, politique, sociologie, etc.

Dernières parutions

Christelle BELPORO, *La responsabilité des entreprises multinationales pour les violations des droits de l'homme en Afrique*, 2017.
Jean-François NGANDU KAMUNGA, *Les baluba d'hier et d'aujourd'hui, permanences, ruptures, transformations et extinctions des traditions africaines*, 2017.
Firmin AHOUA, Benjamin OHI ELUGBE, *Typologie et documentation des langues en Afrique de l'Ouest*, 2017.
Alphonse MAKENGO NKUTU, *Les partis politiques de la République démocratique du Congo. Analyse faite à partir de différents textes légaux portant organisation et fonctionnement des partis politiques (1990 à nos jours)*, 2017.
Hygin Ignace AMBOULOU, *Code des investissements et des activités économiques. Première édition*, 2017.
Hygin Ignace AMBOULOU, *Traité de fiscalité des entreprises. Première édition*, 2017.
Hygin Ignace AMBOULOU, *La problématique du conflit de normes et de compétences dans la situation de coexistence des juridictions communautaires*, 2017.
Hygin Ignace AMBOULOU, *La construction du marché commun africain et la problématique de l'harmonisation des traités régionaux*, 2017.
Hygin Ignace AMBOULOU, *Traité de droit des transports de marchandises par route et des opérations de dédouanement. Première édition*, 2017.
Arthur SABI DJABOUDI, *Les médias d'État au Gabon. Permanence et mutations*, 2017.

Sandavoy Adamoh Djelhi-Yahot

Gouvernance en Afrique

La théorie générale de la gouvernance économique

L'Harmattan

5-7, rue de l'Ecole-Polytechnique, 75005 Paris

http://www.harmattan.fr
diffusion.harmattan@wanadoo.fr
harmattan1@wanadoo.fr

ISBN : 978-2-343-10730-1
EAN : 9782343107301

En mémoire de mon père Sandavoy Djelhi Yahot ;

En mémoire de ma mère Bédou Ahou ;

A ma femme Marie Claude ;

A mes enfants :

- Jean-Claude ;
- Raymond ;
- William Roland ;
- Josiane Benyan ;
- Linda Besseli ;
- Marie Andrea Mawou ;
- Jean-Christ.

A tous ceux qui m'ont aidé une fois dans la vie.

En Afrique, l'économiste et l'homme politique connaissent une cohabitation difficile (………) ; l'homme politique applique la théorie économique sans la connaître. L'économiste la connaît sans pouvoir l'appliquer.

S.A. Djehi Yahot

On ne peut que théoriser la réalité. Mais la pratique, sans la théorie, est aveugle.

Joseph Tchundjang Pouemi

Le pouvoir politique et le pouvoir économique concentrés entre les mains d'un seul individu font de lui un didacteur.

Milton Friedman

A quoi servirait le ciel s'il fallait ne pas rêver ?

Félix Houphouët-Boigny

SOMMAIRE

GLOSSAIRE

AFD : Agence Française de Développement

BCEAO : Banque Centrale des Etats de l'Afrique de l'Ouest.

BEAC : Banque des Etats de l'Afrique Centrale

BIRD : Banque Internationale pour la Reconstruction et le Développement

CFA : Communauté Financière Africaine

CEMAC : Communauté Economique et Monétaire de l'Afrique Centrale

CEDEAO : Communauté Economique des Etats de l'Afrique de l'Ouest

FMI : Fonds Monétaire International

OCDE : Organisation de Coopération et de Développement Economiques.

UEMOA : Union Economique et Monétaire Ouest Africaine

INTRODUCTION

Depuis le début des années 1990, les institutions de Bretton Woods, particulièrement la BIRD, dénoncent la mauvaise gestion des deniers publics dans la plupart des pays en développement, surtout en Afrique, et tentent d'y promouvoir la bonne gouvernance.

Ainsi le thème de bonne gouvernance revient invariablement dans la presse, dans les publications des institutions financières internationales et des organismes de notation, les cercles gouvernementaux ou les réunions internationales. Rarement, pour ne pas dire jamais, les préoccupations de bonne gouvernance auront autant animé l'actualité ; pourtant, la mauvaise gestion des Affaires Publiques ne date pas d'hier. « La dépendance économique et la sujétion politique ont caractérisé, depuis des millénaires, les rapports humains et sociaux. »

Certes, dans l'histoire de l'humanité, il y a eu des esprits suffisamment élevés pour condamner « l'exploitation de l'homme par l'homme » et le gaspillage et la mauvaise gestion des ressources publiques, et préconiser l'harmonie et l'équité, à travers la justice sociale. Mais, l'unanimité que rencontrent les préoccupations de bonne gouvernance et l'ampleur qu'elles revêtent de nos jours, sont relativement nouvelles, pour deux raisons principales :

- la première se situe au niveau international ; en effet, l'application des Programmes d'Ajustement Structurel, dans les pays en développement depuis 1981, a permis aux institutions économiques et financières internationales (FMI, Banque Mondiale) de s'impliquer davantage dans la gestion économique de ces pays dont elles ont découvert la gestion laxiste qu'elles dénoncent depuis lors ;

- la deuxième raison, c'est qu'à l'intérieur même de ces pays en développement, les inégalités croissantes entre groupes sociaux et la pauvreté généralisée ne pouvaient laisser indéfiniment les Autorités indifférentes, en temps de démocratisation ponctué par le printemps arabe ;

Et malgré les propositions souvent pertinentes des économistes, les déclarations des responsables politiques et parfois les mesures prises, à l'échelle aussi bien nationale, régionale qu'internationale, la mauvaise gouvernance persiste dans nos pays : dans le classement effectué chaque année par le groupe de la Banque Mondiale (à travers sa publication intitulée « Doing Business » qui évalue le degré de facilité à faire de affaires, c'est-à-dire à investir dans 189 pays) et Transparency International, le très sérieux organisme de notation de la bonne gouvernance, les pays africains se retrouvent dans les profondeurs quand ils ne sont pas les bons derniers.

« Le concept de gouvernance traduit la manière dont le pouvoir est exercé, dans la gestion des ressources publiques financières d'un pays, à des fins de développement économique ». La gouvernance peut-être bonne ou mauvaise.

« La bonne gouvernance traduit la situation dans laquelle, pour l'exercice du pouvoir, on s'appuie sur les principes de transparence, de participation et de responsabilisation pour viser uniquement les objectifs d'intérêts général, dans la gestion des ressources publiques à des fins de développement économique »(T. Nguessan, 1996).

Selon les économistes américains Down (1957, 1962), Buchanan et Tullock (1962), la mauvaise gouvernance résulte du comportement bureaucratique des agents de l'Etat ; et la non réalisation des objectifs assignés aux bureaucrates provient de leur comportement bureaucratique qui privilégie leurs propres intérêts au lieu de l'intérêt général. C'est tout le problème de la théorie de l'agent (en l'occurrence l'Etat) qui, agissant pour le compte de l'agent principal (l'électeur ou le contribuable), est capable de prendre des décisions au désavantage de son mandant.

Ainsi les bureaucrates prennent parfois des décisions contraires à l'intérêt général. Ceci est possible à cause, en partie, de l'existence de l'asymétrie de l'information. En effet, dans le mécanisme de gestion des finances publiques, il est coûteux pour le contribuable d'avoir les informations réelles sur ses intérêts (bénéfices) personnels, les coûts de taxation et les dépenses publiques ; alors, il choisit d'être rationnellement ignorant, d'où l'existence d'asymétrie de l'information favorisant la mauvaise gouvernance toujours préjudiciable à la collectivité.

Des auteurs comme Hyden et Bratton (1992) se sont indignés de la mauvaise gouvernance qui empêche toute gestion optimale des ressources publiques et la mise en place d'institutions durables et fiables dans les pays en développement.

Le FMI et la BIRD (1993) dénoncent en permanence la mauvaise gouvernance dans les pays en développement qu'ils encouragent et aident à promouvoir la bonne gouvernance (allocation de fonds pour la bonne gouvernance) (Djelhi-Yahot, 2011).

Les pays africains de la zone CFA, constitués de l'UEMOA (Bénin, Burkina Faso, Côte d'Ivoire, Guinée Bissau, Mali, Niger, Sénégal, Togo) et de la CEMAC (Cameroun,

Congo Brazzaville, Gabon, Guinée Equatoriale, République Centrafricaine, Tchad) n'échappent pas à la mauvaise gouvernance.

Tout en m'appuyant sur le cas de l'UEMOA, je voudrais m'efforcer de montrer, qu'en matière de gouvernance économique, les ennuis, dans les pays africains de la zone CFA, trouvent principalement leur origine dans l'application de politiques économiques non optimales auxquelles il faut maintenant remédier.

L'objet de ce livre est donc de rechercher les facteurs déterminants de la gouvernance économique dans un pays de sorte à améliorer la gouvernance dans les pays africains de l'UEMOA, et partant, de la zone CFA et en Afrique tout entière. Pour ce faire, il cherche à aller au-delà de la gouvernance monétaire, traditionnellement au cœur de la gouvernance d'un pays (selon les monétaristes), pour identifier d'autres facteurs déterminants. Dans cette optique, il part d'une redéfinition des concepts de monnaie et de liquidité monétaire (dont la maitrise est essentielle à leur usage rationnel au service de la collectivité) ; puis, il relève les effets négatifs de la politique monétaire répressive et de la politique budgétaire inefficace et laxiste dans les pays africains ; enfin, il identifie les instruments de la bonne gouvernance économique (politique monétaire basée sur la règle de Taylor, prélèvement fiscal optimal et exécution efficace des dépenses publiques) qui permettent de formuler une théorie générale, en la matière, que nous appelons «équation de la bonne gouvernance économique » .

PREMIÈRE PARTIE

LE ROLE DE LA MONNAIE DANS L'ECONOMIE

CHAPITRE PREMIER

LES CONCEPTS DE MONNAIE ET DE LIQUIDITE MONETAIRE DANS UNE ECONOMIE

La monnaie peut revêtir différentes formes. Selon la forme, elle est plus ou moins liquide. La liquidité monétaire, tout autant que la monnaie elle-même, joue un rôle important dans une économie, particulièrement celle des pays en développement. Mal apprécié ou mal utilisé, le niveau de liquidité peut constituer un obstacle à la bonne marche de l'économie. Or, le taux de liquidité monétaire conventionnel semble poser problème du point de vue conceptuel. Dès lors, il y a un grand risque qu'il annihile les effets de la politique monétaire, même bien conçue et correctement appliquée. Il y a donc une corrélation entre le concept de monnaie et l'impact de son usage au service de la collectivité.

Dans ce premier chapitre, nous tenterons d'abord de redéfinir les concepts de monnaie et de liquidité monétaire, à partir de l'analyse des différentes définitions telles que présentées par la théorie économique traditionnelle ; puis, de la théorie quantitative de la monnaie, nous dériverons le taux de liquidité monétaire dans une économie telle que déterminée par cette théorie économique traditionnelle ; enfin, une analyse de ce taux de liquidité monétaire, tout en permettant sa remise en cause, ouvrira la voie à un nouveau concept de taux de liquidité monétaire qui colle à la réalité économique ; la théorie est, avant tout, l'interprétation de la réalité observée. Nous nous appuierons sur l'économie ivoirienne qui présente des données statistiques fiables dans la zone CFA.

I. LE CONCEPT DE LIQUIDITE DANS UNE ECONOMIE

Le concept de liquidité est intimement lié à la notion de monnaie. Aussi, pour pouvoir le cerner, serait-il bon de définir ce que l'on entend par la notion de monnaie, d'identifier ses différentes fonctions ; mais, l'importance de la liquidité peut aussi varier selon le degré de développement d'une économie. Dans les pays africains de la zone CFA, nous faisons l'hypothèse que toutes les transactions se paient cash (en espèce). Donc, la monnaie fiduciaire y est principalement utilisée.

1.1. Définition de la monnaie

Très souvent, la monnaie a été définie à travers ses fonctions ; ainsi André Chaineau (1990) la définit « comme moyen de paiement, d'échanges et de réserve de valeur » ; Denise Flouzat (1974) la définit comme « étant constituée par l'ensemble des moyens de paiement directement utilisables pour effectuer les règlements sur les marchés des biens et services, c'est-à-dire par l'ensemble des actifs acceptés partout, par tous et en tout temps pour le règlement des dettes issues des échanges ».

Quant à Irving Fisher(1911), il définit la monnaie en ces termes : « Pour être appelé monnaie, un bien quelconque doit être généralement acceptable dans les échanges, et tout bien généralement acceptable dans les échanges, devra être appelé monnaie ». Donc, il définit la monnaie comme ce qui est généralement acceptable pour les échanges des biens. Par conséquent, pour lui, l'acceptabilité par tout le monde est la caractéristique distinctive de la monnaie.

Selon Milton Friedman (1993), « est monnaie tout ce qui est accepté, de manière constante et générale, en échange des biens et services, et accepté non pas pour être consommé, mais en tant que constituant un réservoir temporaire de pouvoir d'achat qui servira à l'acquisition d'autres biens et services ».

Ces différentes définitions, si elles permettent de se faire une idée de la monnaie et de la reconnaître, prêtent parfois à confusion, car, selon le type de liquidité, la monnaie, au sens traditionnel, peut ne pas remplir toutes les fonctions qui originellement lui sont attribuées (Djelhi-Yahot, 2001).

Irving Fisher (1911) fait d'ailleurs une distinction entre monnaie et dépôts bancaires, et à ce propos, il écrit : « Par l'intermédiaire des chèques, les dépôts bancaires servent de moyens de paiement en échange des autres biens ; le chèque est le certificat ou la matérialisation du transfert des dépôts bancaires. Il est acceptable seulement au consentement du bénéficiaire ». Et Irving Fisher (1911) précise que « même si le dépôt bancaire transférable par le chèque est inclus dans les moyens de circulation, ce n'est pas de la monnaie ; par contre, le billet de banque est à la fois un moyen de circulation et de la monnaie ».

En conséquence, une définition plus appropriée de la monnaie est à rechercher. A cet effet, retenons celle qui définit la monnaie comme suit : « La monnaie est une créance à vue, c'est-à-dire un droit de rembourser sur le système bancaire, qui n'est cependant précédé d'aucune remise » (Tchundjang, 1980). Joseph Tchundjang (1980) ajoute « qu'elle est émise contre rien ou plutôt, contre du crédit » de sorte qu'il dira de la monnaie « qu'elle est un bien vide ». Cette définition parait la bonne, car elle indique l'origine de la monnaie (la banque), contre quoi elle est créée (du crédit) et « qu'elle est utilisée par tous les agents économiques non bancaires pour effectuer leurs paiements » (Tchundjang, 1980).

La monnaie, créance à vue, est donc immédiatement utilisable par les différents agents économiques dans leurs transaction ; ici, ce qui prime, c'est que la monnaie peut être utilisée sans délai, ni autre forme de transactions préalables ; c'est, en définitive, son caractère liquide.

Cette conception de la monnaie qui met l'accent sur le caractère liquide influe nécessairement sur le mode de calcul de la masse monétaire sous ses deux formes de M_1 et M_2, et par voie de conséquence, sur la méthode de calcul des taux de liquidité monétaires traditionnellement acceptés. Ceci sera analysé dans le détail plus loin.

1.2. Fonctions et caractéristiques de la monnaie

La théorie économique attribue trois fonctions à la monnaie ; elle est :

- intermédiaire des échanges ;
- mesure de la valeur ;
- réserve de valeur.

Comme intermédiaire des échanges, la monnaie permet d'éviter le troc et de rendre les échanges faciles et moins coûteux en termes de temps.

Mesure de valeur, la monnaie devient ainsi une unité de compte qui permet de mesurer et de comparer des biens et services totalement hétérogènes. Ainsi la valeur des biens est exprimée dans leur prix en monnaie.

La monnaie, réserve de valeur, assure la permanence des valeurs exprimées. Comme le dit Denise Flouzat (1974), « la valeur représentée par une certaine quantité de monnaie doit toujours être la même quel que soit le moment auquel la monnaie est employée », même si cette notion de permanence des valeurs devient hypothétique lorsque l'on tient compte de l'inflation et raisonne en termes réels.

Toutefois, ce qui ressort de toutes ces fonctions de la monnaie, c'est leur caractéristique commune qui permet à la monnaie d'être immédiatement convertible en n'importe quel bien et en tous lieux, c'est-à-dire son caractère liquide plus ou moins ; or, la monnaie revêt diverses formes (monnaie-banque centrale, monnaie-banque commerciale, monnaie-trésor) de sorte qu'il existe plusieurs types de liquidité de la monnaie. La théorie économique traditionnelle distingue trois catégories de liquidité qui sont :

- les liquidités primaires qui sont constituées par les billets de banque, les pièces et les dépôts à vue ;

- les liquidités secondaires qui comprenant les actifs non immédiatement liquides, mais qui peuvent être rapidement convertis en liquidités primaires. Ce sont les dépôts à termes et les bons du trésor ; on dit qu'ils sont monétisables ;

- les liquidités tertiaires dont la monétisation n'est pas immédiate et comporte des risques en cas de variation des avoirs financiers ; il s'agit principalement des valeurs mobilières privées (actions et obligations) et des valeurs mobilières publiques (emprunts de l'Etat).

A partir de ces trois catégories de liquidités, la théorie économique fait une classification en disponibilités monétaires et disponibilités quasi-monétaires ; l'ensemble de ces deux sortes de disponibilités constitue ce que les économistes appellent la masse monétaire au sens large, qu'ils dénotent par M_2 ; les disponibilités monétaires au sens étroit sont représentées par M_1.

1.3. Définition de la liquidité d'une économie

Avant de définir le concept de liquidité d'une économie, il est bon de savoir, d'une part, ce qu'est la liquidité bancaire, et d'autre part, ce qu'est la monnaie liquide.

1.3.1.Le concept de liquidité bancaire

« La liquidité bancaire, dit Philippe Jaffré (1996), est une partie de la monnaie de la banque centrale, c'est la monnaie de la banque centrale détenue par les banques commerciales (billets en caisse, solde de leur compte à la banque centrales) ». Et les banques commerciales peuvent normalement s'en procurer de trois façons :

- en attirant des dépôts ;

- en vendant sur le marché les titres de créances qu'elles détiennent dans leur portefeuille ;

- en empruntant auprès de la banque centrale.

Il existe une relation entre la liquidité bancaire et la masse des crédits que les banques peuvent accorder. Il apparaît donc évident que dans une économie, le crédit étant la contrepartie de la monnaie, c'est par le contrôle de la liquidité bancaire que passe celui de la création monétaire. Mais le solde des comptes courants des banques commerciales à la banque centrale ne peut être mis à la disposition du public (du moins de façon immédiate). Les réserves obligatoires non plus ne peuvent l'être. Par conséquent, ce qui détermine la liquidité dans une économie, c'est l'ensemble des billets et pièces disponibles dans les caisses des banques commerciales destinés à répondre aux sollicitations immédiates des agents économiques, c'est-à-dire la base monétaire (B_m) moins les réserves obligatoires (R_o).

1.3.2. Le concept de monnaie liquide

Pour Michelle de Mourgues (2000), « la liquidité d'un actif peut se définir comme l'aptitude à servir plus ou moins rapidement de numéraire, c'est-à-dire de monnaie au sens strict du terme ». Et elle définit plusieurs critères pour mesurer ce degré de liquidité : transferabilité, convertibilité, absence de risque, négociabilité. Ici, l'auteur prend en compte les billets et pièces et les dépôts à vue.

Milton Friedman (1993) définit également l'encaisse liquide comme « l'ensemble des billets et des dépôts à vue ».

Mais, James Tobin (1965) lui, a soulevé la question importante de distinguer entre dépôts (à vue et à terme) et monnaie : « Aujourd'hui, les universitaires et les statisticiens se demandent s'il faut compter les dépôts à vue et les dépôts à terme comme composante de l'offre de monnaie ».

A cet effet, Don Patinkin (1965) est plus explicite, en distinguant clairement deux types de monnaies et il écrit : « Bien que nous ayons parlé de monnaie au singulier, nous devons formellement supposer l'existence de deux types de monnaie ; tout d'abord, nous avons une unité de compte abstraite qui sert au calcul et à la tenue des comptes ; cette unité n'a aucune existence physique, c'est-à-dire qu'elle ne coïncide avec aucun bien existant dans l'économie ; en second lieu, nous avons une monnaie fiduciaire de papier qui sert effectivement et physiquement d'instrument des échanges et de réserve de valeur ; cette monnaie fiduciaire de papier est supposée être une monnaie externe, c'est-à-dire une monnaie émise par une institution quelconque, exogène au système économique. C'est la seule monnaie dont il est possible de détenir des encaisses ».

Paul-Jacques Lehmann (1999) pense « que le fait que la monnaie (billets et pièces) peut être thésaurisée, c'est-à-dire demandée et détenue pour elle-même, explique sa capacité de transfert de pouvoir d'achat d'une période à l'autre. De ce point de vue, la monnaie fiduciaire est un actif qui entre en concurrence avec les autres éléments du patrimoine des agents économiques, c'est-à-dire les actifs financiers (actions, obligations) et les actifs réels (terres, biens immobiliers). Mais par rapport à ses concurrents, la monnaie liquide présente un avantage qui provient de sa grande liquidité, c'est-à-dire son aptitude à être utilisée sans délai pour effectuer un règlement, alors que les actifs doivent d'abord être convertis en monnaie liquide pour jouer ce rôle ». A cet égard, il serait utile de distinguer entre vraie monnaie liquide et monnaie non liquide ou quasi-liquide : la vraie monnaie liquide, c'est celle qui permet de faire les transactions sans délai et sans transformation préalable ; elle est composée des billets et pièces ; la monnaie non liquide ou quasi-liquide, c'est la monnaie qui a parfois ou toujours besoin d'être convertie en billets et pièces (monnaie liquide) avant son usage dans certaines transactions. Elle est composée des dépôts à vue et des dépôts à terme.

La monnaie liquide peut donc être utilisée sans avoir besoin d'être convertie ; sous cette forme, il n'y a donc pas d'étape antérieure à l'utilisation effective de la monnaie dans ses fonctions d'intermédiaires des échanges. Elle est liquide et on peut en faire usage immédiatement. Cette définition de la monnaie liquide sied parfaitement aux économies des pays Africains de la zone du franc CFA, des économies fortement agricoles où les billets et les pièces sont essentiellement utilisés dans les transactions économiques. En effet, les transactions se font principalement avec la liquidité. Les salariés du privé dont la très large majorité n'a pas de compte bancaire, perçoivent leurs salaires en cash ; dans l'Administration, après le virement de fin de mois, les fonctionnaires se ruent à la banque pour percevoir du cash en vue de leurs transactions dans un environnement économique où les chèques sont très peu acceptés et « le support électronique de monnaie presqu'inconnu et très peu utilisé.». Dans le milieu agricole, toutes les transactions se font cash. En Côte d'Ivoire, pendant les traites de café et de cacao, ce sont des centaines de milliers de milliards de francs CFA qui circulent sous forme liquide. La préférence pour la liquidité dans le milieu rural africain s'explique par plusieurs raisons :

- la première raison, c'est que les banques commerciales sont très peu implantées dans les zones rurales et exigent des garanties pour faire des prêts, excluant du coup, le monde rural incapable de présenter pareilles garanties ; car , si l'agent économique fait des dépôts, ce n'est pas seulement pour assurer la sécurité de ses fonds, mais aussi, espérer bénéficier de crédit bancaire au moment opportun ;

- la seconde raison, c'est qu'il existe peu de banques agricoles dans ces pays et les banques commerciales existantes financent peu la production agricole ;

- la troisième raison, c'est que les paysans, comme partout en Afrique, investissent surtout dans le capital social (Jean-Luc Dubois, 1999) qui est un élément important dans leur vie en collectivité ; dans ces conditions, ils doivent, à tout instant, faire face à leurs obligations sociales. Ne pas réussir à le faire constitue un déshonneur intolérable. Et les banques, non seulement sont éloignées, mais imposent une procédure de retrait que le paysan illettré juge insupportable. De plus, les dépôts et autres formes de monnaie ne lui permettent pas de disposer de son argent à tout instant.

Au niveau urbain, même si les agents économiques n'ont pas la même attitude vis-à-vis de la monnaie scripturale, force est de constater que l'usage des chèques et autres supports de monnaie scripturale est très peu fréquent dans les transactions. Ainsi les billets et pièces sont principalement utilisés dans les transactions (Eboué, 1990). Dans ces conditions, seuls les billets et pièces sont acceptés et utilisés par tous sans conversion et sans délai, d'où notre hypothèse de départ que seuls les billets et pièces sont utilisés dans les transactions.

Par contre, toutes les composantes de M_1 ne sont pas de la liquidité ; en effet, M_1 comprend, en plus des billets et pièces, les dépôts à vue qui, bien que de la monnaie, ne peuvent être considérés comme de la liquidité au sens que nous entendons ; seuls les billets et pièces constituent, véritablement, de l'encaisse liquide, puisque les dépôts à vue, pour être de la monnaie liquide (billets et pièces) doivent être transformés ; de plus, lorsque l'on se place du côté des déposants, seuls les billets et pièces (monnaie liquide) font l'objet de demande de retraits. De même, lorsqu'un agent économique quelconque encaisse un chèque émis à son profit, il perçoit de la liquidité (billets et pièces) quel que soit le mode de perception ; en effet, s'il va au guichet de la banque, il perçoit des billets et pièces, donc de la monnaie liquide ; s'il dépose le chèque sur son propre compte bancaire, « le transfert de fonds » qui résultera de l'opération entre sa banque et la banque sur laquelle est tiré le chèque, donnera lieu à un jeu d'écriture qui, en définitive, permet de créditer son compte. Et le retrait qu'il fera plus tard ne se fera qu'en monnaie liquide ; en cas de virement d'un compte à l'autre, le résultat est exactement le même.

Aussi, la liquidité d'une économie traduit-elle, en dernier ressort, la capacité du système bancaire à mettre de l'argent liquide à la disposition des différents agents économiques afin de leur permettre de faire, correctement et quand ils le désirent, les diverses transactions (nous le verrons plus loin). Une hésitation ou une incapacité du système bancaire à répondre correctement aux sollicitations des agents économiques, a un impact négatif sur la création monétaire et la mise en place du crédit ; une insuffisance de liquidité amène les banques commerciales à se tourner vers la banque centrale pour pouvoir assurer l'approvisionnement de leurs guichets en monnaie liquide. Or, la banque centrale, à partir d'un certain niveau ou pour toute autre raison, peut refuser le refinancement. Les banques commerciales, dans ces conditions, se trouvent dans l'impossibilité de répondre aux demandes de retrait de leur clients ; dans le cas d'une demande de crédit non satisfaite, non seulement le volume du crédit en pâtit, mais le multiplicateur de crédit ne joue pas.

II. LE CONCEPT DE TAUX DE LIQUIDITE ET SON EVOLUTION DANS L'ECONOMIE IVOIRIENNE

Christian de Boissieu (1985) explique que la baisse du taux de liquidité traduit une insuffisance de liquidité. Le concept de taux de liquidité est dérivé de la théorie de la demande de monnaie présentée sous la forme de la théorie quantitative de la monnaie qui met l'accent sur l'influence de la monnaie sur le prix ; elle remonte à des penseurs anciens comme Hume (1752), Cantillon (1775), Ricardo (1810) et Malthus (1827). Toutefois, la théorie quantitative de la monnaie a été reformulée, de Irving Fisher (1911) à Friedman (1955), en passant par Pigou (1917).

Dans les différentes formulations de la théorie quantitative, l'on retrouve la vitesse-revenu $V = PY / M$ où M représente la masse monétaire. L'évolution de V permet, en réalité, d'apprécier l'abondance ou la rareté des moyens de paiement dans une économie. La baisse de la vitesse-revenu de la monnaie implique que M augmente plus vite que PY, que la liquidité monétaire de l'économie augmente, que la monnaie est utilisée avec moins d'intensité dans les différents échanges. Une augmentation de V signifie simplement un accroissement de la vitesse de la monnaie qui provoque une réduction de la liquidité monétaire de l'économie, car PY est supérieur à M.

L'inverse de la vitesse-revenu $1 / V$ qui est égale à M / PY et à k dans les équations de Friedman et de Cambridge, indique, en fait, la portion du revenu (PY) détenue en monnaie. C'est le taux de liquidité monétaire de l'économie selon la théorie économique traditionnelle. Il met en relation la théorie et l'économie réelle et permet d'apprécier, selon la théorie économique traditionnelle, l'état de liquidité d'une économie : lorsqu'il baisse, il peut conduire à une crise de liquidité dans l'économie ; lorsqu'il augmente plus qu'il ne faut, il provoque une surliquidité dans l'économie.

2.1. Taux de liquidité monétaire et taux de liquidité globale

La classification entre disponibilités monétaires et disponibilités quasi-monétaires permet de déterminer des taux de liquidité selon le type de monnaie. Aussi, distingue-t-on principalement :

- le taux de liquidité monétaire M_1/PIB ;
- le taux de liquidité global M_2/PIB.

Lorsque ces taux de liquidité baissent significativement, on conclut à une crise de liquidité dans l'économie considérée. Une baisse du taux de liquidité, selon Christian de Boissieu (1985), traduit une insuffisance de liquidité, puisqu'elle influence négativement la création monétaire et la mise en place du crédit.

Le tableau n°1 nous présente l'évolution des taux de liquidité dans l'économie ivoirienne de 1981 à 1993, période au cours de laquelle le pays avait connu une grave crise de liquidité (Djelhi - Yahot, 2001).

Le taux de liquidité monétaire baisse en 1982 à 0,185, puis progresse jusqu'en 1986 à 0,200, pour diminuer à 0,197 en 1987, et continuer de baisser jusqu'en 1989 ; il remonte à nouveau en 1990 et 1991, pour baisser en 1992 et remonter en 1993. On constate donc que, pendant la période de crise de liquidité, le taux de liquidité monétaire a connu des années de hausse et de baisse.

Cette évolution du taux de liquidité monétaire (M_1/ PIB) dans l'économie ivoirienne est contradictoire et ne permet pas une interprétation cohérente et réaliste de la situation monétaire qui prévalait dans le pays. Nous pouvons donc dire que ce taux ne permet pas une appréciation réaliste et rationnelle du niveau de liquidité d'une économie, du moins, celui de la Côte d'Ivoire.

Du point de vue analytique, le taux de liquidité monétaire (M_1/ PIB) pose problème ; en effet, le numérateur M_1 comprend les billets et pièces qui sont de la monnaie liquide (telle que nous l'avons définie) et des dépôts à vue qui, eux, ne le sont pas. On additionne donc deux différents types de monnaie, la monnaie liquide (billets et pièces) et la monnaie non liquide (les dépôts à vue) qu'on pourrait également appeler liquidité imparfaite. Les dépôts à vue, pour être liquides, doivent subir une conversion, à la suite d'opération de retrait à la banque. Or, la liquidité monétaire, telle que nous l'avons définie, est immédiatement utilisable comme numéraire, sans délai ni conversion.

Au dénominateur, nous avons le PIB qui est l'ensemble des valeurs ajoutées. Il est un flux. Or, la masse monétaire M_1 est un stock. Il est difficilement acceptable rationnellement de diviser un stock par un flux.

Tableau n° 1 : taux de liquidité traditionnel dans l'économie ivoirienne

ANNEES	1981	1982	1983	1984	1985	1986	1987	1988	1989	1990	1991	1992	1993
M1 en milliards de FCFA	464,4	460,3	488	574,6	620,2	636,4	598,6	578	511,2	526,4	510,1	489,4	494
M2 en milliards de FCFA	639,7	66,3	692	826,1	939,4	963,9	930	944	867,7	845,4	846,4	836,4	925
PIB Milliards de FCFA	2291,4	2486,5	2605,5	2989,4	3134,8	3171,7	3031,7	3054	3113	2939	2690	2681	2633
M_1 /PIB	0,202	0,185	0,187	0,192	0,197	0,200	0,197	0,189	0,164	0,179	0,189	0,182	0,187
M2 /PIB	0,279	0,265	0,265	0,276	0,299	0,303	0,306	0,309	0,278	0,287	0,314	0,311	0,351

Source : les données statistiques sont tirées de International Financial Statistics du FMI de 1882 et des bulletins d'information de la BCEAO DE 1982 à 1994.

Le taux de liquidité global M_2/ PIB a baissé entre 1981 et 1983, mais a augmenté de 1984 à 1988, puis a baissé en 1989 pour progresser jusqu'en 1991 et baisser légèrement an 1992, se maintenant à un niveau supérieur à celui de 1984, période avant la crise de liquidité (1981 à 1984) et a connu des moments de hausse (1984 – 1988 et 1989 – 1991) en période de crise de liquidité.

Le taux de liquidité global M_2/PIB est lui aussi, un mélange d'éléments extrêmement hétérogènes. La masse monétaire M_2 est composée de M_1 qui comprend les billets et pièces (monnaie liquide) et les dépôts à vue (monnaie non liquide) et de la quasi-monnaie, c'est-à-dire l'ensemble des dépôts à terme effectués auprès des banques et du trésor qui ne sont pas de la liquidité au sens propre précédemment défini. Dans sa composante de quasi-monnaie, la masse monétaire M_2 comprend des éléments (dépôt à termes) qui, pour être de la monnaie liquide, doivent au préalable, subir une transformation ; de plus, les dépôts à terme représentent de l'épargne pour les agents économiques non bancaires ; or, l'épargne, selon la formule bien connue

$$Y = C + S$$

est une composante du revenu ; elle n'est donc pas de la monnaie ; aucune des composantes du revenu Y n'est d'ailleurs de la monnaie, contrairement à la théorie keynésienne. A ce sujet, suivons Paul-jacques Lehmann (1987) : « Selon Keynes, le revenu est utilisé sous forme de consommation (C) et d'épargne (S) ». D'où la formulation

$$Y = C + S$$

Mais, Keynes envisage la consommation (C) et l'épargne (S) sous leur aspect monétaire : l'épargne est considérée comme un résidu et est fonction du niveau de revenu et de la propension marginale à consommer, et cette dernière diminuant à mesure que le revenu augmente, l'épargne est alors, une portion croissante du revenu. Dans la théorie de Keynes, le taux d'intérêt intervient de façon marginale dans la fonction de consommation en occasionnant la répartition de l'épargne entre thésaurisation et achat de titres.

Or, légalité entre l'offre globale (C + I) et la demande globale (C + S) à l'équilibre, signifie que les égalités sont simultanément réalisées d'une part, entre l'offre et la demande de biens de consommation (Co = Cd) et, d'autre part, entre l'investissement et l'épargne (I = S). Et, contrairement aux quantitativistes, Keynes dit que si la première égalité est toujours réalisée, la seconde ne l'est pas nécessairement, à cause du rôle de réserve de valeur joué par la monnaie qui fait que la monnaie est demandée pour elle-même. Ainsi la prise en compte du motif de spéculation dans la demande d'encaisse fait que la quantité de monnaie en circulation n'est plus indifférente à l'équilibre économique dans la mesure où l'épargne (S) est constituée, soit sous forme monétaire (thésaurisation d'encaisse oisive), soit sous forme financière (Achat de titres à des entreprises qui investissent, en contrepartie de la monnaie reçue). Comme la thésaurisation est fréquente, la demande d'investissement excède l'offre d'épargne. Ainsi l'offre ne crée plus nécessairement sa propre demande comme le préconisait la loi des débouchés.

Dans ces conditions, les banques doivent offrir de la monnaie pour compenser la partie non disponible de l'encaisse en vue de la consommation. Si ex post, l'épargne et l'investissement sont égaux, lorsque l'on raisonne ex ante, l'investissement et l'épargne ne peuvent pas être équivalents puisqu'ils émanent de deux types différents d'agents économiques dont les anticipations sont conditionnées par des variables différentes. De plus, en fonction du taux d'intérêt, l'épargne peut ne pas être transformée en titres et peut sortir du circuit économique officiel (car thésaurisée) et ne saurait, par conséquent, rentrer dans la composition de la masse monétaire M_2. On sait aussi que l'épargne fait partie du revenu. Le revenu n'est pas de la monnaie ; il est de surcroît un flux tandis que la masse monétaire est un stock. La quasi-monnaie n'est donc pas de la monnaie liquide. De ce fait, et compte tenu des analyses antérieures de M_2 et du PIB et de leur rapport, la formule M_2/ PIB ne peut réellement traduire le niveau de liquidité d'une économie.

Nous pouvons donc conclure que ni le taux de liquidité monétaire M_1/ PIB ni le taux de liquidité global M_2/PIB ne peuvent donner une saine appréciation du niveau de liquidité. Ils pourraient, à la limite, traduire la capacité de monétarisation d'une économie donnée dans le sens de la théorie traditionnelle. En effet, M_2 étant la monnaie au sens large et le PIB, la somme de toutes les valeurs ajoutées, c'est-à-dire de toutes les richesses créées dans l'économie à un moment donné (un an), le rapport entre les deux agrégats traduirait la portion du PIB qui peut être transformée en monnaie (M_2) étant donnée la situation économique d'ensemble.

Dans ces conditions, le rapport M_2/PIB exprimerait la capacité de l'économie à transformer en Monnaie toutes les richesses créées au sens large, selon la théorie traditionnelle. De même, M_1/PIB exprimerait la capacité de l'économie à se monétariser au sens étroit du terme, c'est-à-dire la capacité à se transformer en monnaie au sens strict, toujours selon la théorie traditionnelle.

2.2. Formes de monnaie et crise de liquidité

A vrai dire, si les composantes de la monnaie telles que présentées par la théorie traditionnelle étaient homogènes, elles devraient permettre d'éviter à tout moment la crise de liquidité. En effet, s'il était vrai que la monnaie était constituée par l'ensemble des disponibilités monétaires et quasi-monétaires, cela supposerait donc que l'une ou l'autre de ces deux composantes, prise séparément, présenterait les mêmes caractéristiques ou remplirait exactement, les mêmes fonctions dévolues à la monnaie elle-même : cela supposerait d'abord que les dépôts pouvaient êtres érodées par l'inflation comme l'est la monnaie fiduciaire ; or, la valeur des dépôts ne peut être affectée par le taux d'inflation dans une économie ; tant que les dépôts ne sont pas transformés en billets ou pièces, ils conservent leur valeur. C'est d'ailleurs cette caractéristique qui fait qu'en situation inflationniste, les agents économiques ont tendance à se débarrasser des billets et pièces qui perdent leur pouvoir d'achat.

Ensuite, s'il était vrai que monnaie fiduciaire et dépôts, en tant que monnaie, remplissaient exactement les mêmes fonctions d'intermédiaires des échanges, il n'y aurait jamais de crise de liquidité. En effet, les billets et pièces d'une part, et les dépôts, d'autre part, devraient pouvoir être utilisés, de façon systématique et indifféremment, les uns à la place des autres, sans aucune difficulté. Par conséquent, le déposant ou le bénéficiaire d'un chèque qui se présenteraient au guichet d'une banque pour faire un retrait, devraient être satisfaits à tout instant. Or, en période de crise de liquidité, bien que l'argent soit disponible dans les comptes ils ne peuvent être satisfaits, la banque n'étant pas en mesure, à partir des dépôts, de leur procurer de la monnaie liquide. La monnaie fiduciaire et les dépôts ne peuvent donc remplir, à tout instant, exactement les mêmes fonctions d'intermédiaires des exchanges. Cela implique aussi que les deux types de monnaie ne sont pas exactement de même nature. D'où la nécessaire distinction entre monnaie liquide (billets et pièces) et monnaie non liquide ou quasi-liquide (dépôts à vue et à terme).

Une telle distinction permet la remise en cause de la formulation traditionnelle des deux taux de liquidité traditionnels M_1/PIB et M_2/PIB. Il y a lieu donc de rechercher un nouveau concept de taux de liquidité.

III. LA NOUVELLE FORMULATION DU TAUX DE LIQUIDITE

Telle que nous l'avons définie, la crise de liquidité dans une économie c'est la situation où le système bancaire ne peut entièrement satisfaire aux demandes de retrait (en monnaie liquide) exprimées par les différents agents économiques ; le caractère ou l'état liquides d'une économie sont donc traduits par la capacité du système bancaire à répondre, positivement et immédiatement et en quantités suffisantes, aux demandes de retrait des agents économiques. Ce qu'il faut prendre en compte, ce sont des agrégats purement monétaires qui permettent d'apprécier effectivement cette capacité. C'est ce que nous allons tenter de faire maintenant. Mais, auparavant, nous faisons deux hypothèses.

3.1. Les hypothèses

Hypothèse 1 : la valeur des billets émis par la banque centrale correspond exactement à la valeur des demandes exprimées.

Hypothèse 2 : la banque centrale, par principe, n'émet des billets qu'à la demande des banques commerciales.

3.2. Le nouveau concept

Lorsque l'on considère les opérations de retrait, on s'aperçoit qu'elles mettent en relation deux types d'agents économiques : les agents économiques non bancaires et les banques commerciales.

Dans leurs opérations de retrait, les agents économiques non bancaires expriment leurs besoins en monnaie liquide, c'est-à-dire en billets et pièces qui, en principe, doivent être immédiatement satisfaits par le système bancaire. De toute évidence, ces demandes de retrait des agents économiques ne peuvent se faire qu'a concurrence du montant de leurs dépôts bancaires ou du montant des dépôts bancaires de l'émetteur du chèque dont ils sont bénéficiaires ; autrement dit, aucun agent ne peut, par principe, retirer plus qu'il ne dispose d'argent dans son compte ou que l'émetteur du chèque ou autres formes de monnaie ne dispose dans son compte. Les découverts sont des exceptions de faveur qui sont d'ailleurs limitées dans le temps et comportent un coût.

Selon James Tobin (1965), la fonction essentielle des intermédiations financières, y compris les banques commerciales, est de satisfaire les préférences de deux types d'individus ou de firmes : d'une part, les emprunteurs, et d'autre part, les prêteurs. Les encaisses des intermédiations financières sont les obligations des emprunteurs (billets, bons) ; les engagements des intermédiations financières sont les encaisses des prêteurs (dépôts bancaires). Aussi, les banques ont-elles, pour rôle fondamental, de transformer les dépôts bancaires en liquidités.

Pour Diamond et Dybvig (1983), les banques remplissent, de façon explicite, un rôle économique primordial : « La transformation des actifs (créances) illiquides en liquidité ».

Dans un article sur la place du système bancaire dans la théorie financière, Eugène Fama (1980), tout en expliquant que, dans la gestion bancaire moderne, le transfert des richesses est fait à partir d'un système de compte, souligne le rôle des banques dans la transformation des dépôts bancaires en monnaie liquide.

Le système bancaire doit, par devoir et obligation professionnelle, pouvoir à tout moment, satisfaire aux demandes de retrait (de monnaie liquide) exprimées par les agents économiques ; s'il le fait, tout marche bien ; s'il ne peut le faire, il y a crise de liquidité.

En dehors des deux types d'agents économiques (non bancaire et bancaire), le scénario ainsi décrit exprime nécessairement la relation entre deux éléments fondamentaux qui sont justement au cœur de la transaction : la monnaie liquide (billets et pièces) et les dépôts (dépôt à vue et dépôts à terme). Le rapport entre monnaie liquide et dépôt traduit la capacité du système bancaire à répondre favorablement ou non aux demandes de retrait des agents économiques non bancaires, car il traduit la portion de dépôts bancaires transformés en monnaie liquide.

Soit b, l'ensemble des billets et pièces dans une économie donnée, c'est-à-dire la base monétaire (B_m) moins les réserves obligatoires (R_o), soit $b = B_m - R_o$.

Soit D, l'ensemble des dépôts à vue et à terme dans cette économie.

On pourrait écrire le taux de liquidité(L_t) sous la forme suivante :

$$L_t = b / D$$

Ceci veut dire que plus ce rapport baisse, plus la fraction de dépôts transformée en monnaie liquide est faible, donc il y a plus de difficulté à transformer les dépôts bancaires en monnaie liquide (billets et pièces) ; plus il croît, plus le système bancaire est à l'aise dans la transformation des dépôts en monnaie liquide, et plus l'économie tourne correctement ; en effet, sous un autre angle, la formule

$$L_t = b / D$$

mesure le taux de monétarisation de l'économie. Plus ce taux est élevé, plus l'économie se « monétarise, » plus les échanges s'intensifient et l'économie se développe davantage. Par contre, s'il baisse, l'économie se « monétarise » de moins en moins, d'où ralentissement des transactions (échanges) et par conséquent, de l'activité économique.

La monétarisation se fait à l'aide de deux processus : la création de billets et pièces par la banque centrale et la transformation des dépôts en monnaie liquide par les banques commerciales.

Le taux de liquidité b / D se distingue, d'une part, du ratio marginal d'encaisse $\Delta b/\Delta D$ qui mesure le rapport entre la variation des billets et celle des dépôts, et d'autres part, du ratio marginal de préférence du public pour les billets $\Delta b/\Delta M_2$ qui est le rapport entre l'accroissement de la monnaie banque centrale détenue par le public et l'accroissement de la masse monétaire.

Si la théorie économique traditionnelle considère l'offre de monnaie (M^o) comme exogène, il n'en demeure pas moins que la banque centrale ne crée, en réalité, de la monnaie qu'à la demande des banques commerciales (ce qui nous ramène à notre hypothèse n°2). Ceci pour deux raisons :

- la première raison est que la banque centrale dont le rôle est d'emettre, de surveiller et de contrôler la circulation monétaire, ne peut créer, de façon indéfinie et hasardeuse, de la monnaie, sans risque d'inflation dont tout le monde redoute les effets dévastateurs ;

- la seconde raison tient au fait que seules les banques commerciales peuvent véritablement mesurer les besoins en monnaie en vue du financement de l'activité économique ; tous les autres agents économiques s'adressent à elles pour leurs diverses transactions, pour exprimer leurs besoins (demandes) en monnaie.

En définitive, la banque centrale, soucieuse d'éviter l'inflation, ne crée de la monnaie qu'à la demande des banques commerciales, lesquelles traduisent les besoins (demandes) en monnaie exprimés par leurs clients, et auxquels elles sont tenues de satisfaire, tout au moins, à concurrence des dépôts ou du solde des comptes qu'elles détiennent dans leurs livres comptables.

Sous un autre angle, $L_t = b / D$ traduit bien la capacité du système bancaire à monétiser, c'est-à-dire à convertir les actifs non monétaires (dépôts à vues et à terme) en monnaie liquide. C'est donc, véritablement, un taux de liquidité. Ce taux semble mieux traduire la capacité ou l'incapacité du système bancaire à satisfaire les demandes en monnaie liquide ; il est un indicateur plus fiable de l'état de liquidité dans une économie. Le seul problème ici concerne la difficulté à pouvoir cerner, parfois, la limite entre les dépôts à vue et les dépôts à terme ; en effet, certains agents économiques peuvent, pour une raison quelconque, rompre les contrats relatifs à leurs dépôts à terme (avec une perte systématique des avantages) et les transformer en dépôts à vue, exigibles à tout moment. De même, des dépôts à vue peuvent être transformés en dépôts à terme dans le courant d'une année. Ainsi des écarts dans les montants des dépôts à vue ou à terme peuvent apparaître. Mais ceci ne peut introduire de véritable biais dans notre formule si l'on considère que les fluctuations affectent les deux types de dépôts, et garde présent à l'esprit que D est la somme des deux types de dépôts.

Dans l'économie ivoirienne, le taux de liquidité b /D a baissé entre 1984 et 1993 (Djelhi - Yahot, 2001). Ce taux de liquidité a baissé quand les banques n'arrivaient plus à satisfaire les demandes de retrait. Il y a eu donc crise de liquidité (Rapport de la Zone Franc, 1988 – 1994) et la situation d'illiquidité se faisait sentir dans les opérations de retrait. En effet, les banques commerciales, en manque de liquidité, avaient commencé à retarder les retraits, puis à les espacer autant que possible, dans l'espoir, soit de se refinancer auprès de la banque centrale, soit de recevoir, entre-temps, des dépôts bancaires pouvant rendre leur portefeuille plus liquide. Mais, les agents économiques avaient perdu confiance et faisaient peu de dépôts. Alors, les banques avaient commencé par limiter le montant des retraits par unité de temps (selon le type de client et d'opération). Il y a donc crise de liquidité dans une économie quand :

- le taux de liquidité b / D baisse significativement ;

- et les banques commerciales n'arrivent plus à faire face à la demande de retrait des agents économiques.

Alors, se pose la question de savoir quelle politique économique mener pour prévenir la crise de liquidité ou pour en sortir lorsqu'elle se manifeste ?

CHAPITRE DEUXIÈME

LE ROLE DE LA MONNAIE DANS L'ECONOMIE D'UN PAYS

Avant de déterminer quelle politique monétaire conviendrait aux pays africains de la zone du Franc CFA, il serait utile de démontrer le rôle fondamental de la monnaie dans la croissance économique d'un pays. A cet égard, une revue de la théorie économique sur le lien entre la monnaie et la croissance économique d'un pays s'avère indispensable.

La relation entre la monnaie et la croissance économique d'un pays a été l'objet de discussions et de développement d'une importante littérature dans la théorie économique contemporaine. De 1945 jusqu'au début des années soixante dix, la théorie économique dominante préconisait des effets négatifs ou neutres du développement financier sur le taux de croissance de l'économie. Mais, à partir des années soixante dix, ce courant de pensée est remis en cause par McKinnon (1973) et Shaw (1973) dont le modèle va démontrer que le développement et la libéralisation du système financier accélèrent la croissance économique.

Dans ce chapitre, nous passerons d'abord en revue la logique keynésienne qui justifie la répression financière ; puis, l'objection de McKinnon et Shaw (1973) et leurs disciples nous permettra de démontrer le rôle primordial de la monnaie dans le processus du développement économique à travers son impact sur le taux de croissance économique.

1. LA LOGIQUE KEYNESIENNE DE LA REPRESSION FINANCIERE

Ici, nous analyserons successivement le fondement keynésien de la répression monétaire et financière et ses effets sur la croissance économique d'un pays.

1.1. Keynes

Keynes (1936) soutenait qu'une gestion prudente de la monnaie était nécessaire à la bonne marche de l'économie. A cet égard, il avait basé son raisonnement sur la théorie de la trappe à liquidité qui prévoit un seuil de taux d'intérêt nominal dans une économie.

Avant Keynes, la théorie de la demande de monnaie qui prévalait était, en fait, celle représentée par l'équation de Cambridge sous la forme :

$$M^d = kYP \qquad (1)$$

M^d = demande de monnaie globale

k = le ratio de préférence pour la liquidité du public

Y = le revenu réel

P = le niveau général des prix

Dans cette équation de Cambridge, aucun facteur affectant explicitement le coefficient k n'est mis en évidence ; un tel facteur, selon l'approche keynésienne, est le taux d'intérêt qui est représenté, en réalité, par le coût d'opportunité de la détention de la monnaie ; et ce coût d'opportunité est le gain qu'aurait procuré la détention d'actifs alternatifs. Dans la mesure où la fonction de demande de monnaie décrit la demande pour détenir un stock de monnaie, les gains sur les encaisses qui peuvent être détenues en tant que substituts de la monnaie devraient nécessairement avoir des effets significatifs sur la demande. C'est, précisément parce que l'équation de Cambridge a ignoré le rôle du taux d'intérêt dans la détermination de la demande de monnaie que Keynes (1936) l'a particulièrement critiquée.

Aussi, Keynes (1936) va-t-il proposer une autre formulation de la demande de monnaie qu'il a appelée la préférence pour la liquidité ; et selon lui, les agents économiques demandent la monnaie pour trois motifs :

- de transaction ;
- de précaution ;
- spéculatif.

Keynes (1936) soutient que la demande de monnaie spéculative est dérivée de la décision d'allocation de la richesse entre l'encaisse monétaire et les titres. Et le choix est déterminé par les prévisions concernant l'évolution du taux d'intérêt ; si le taux d'intérêt baisse, le rendement des titres baisse. Et le détenteur de richesse réduit ses risques en augmentant sa proportion de richesse sous forme de monnaie parce qu'il perdrait en placement en titres. Il se peut que le taux d'intérêt soit si bas que le détenteur de richesse se contente de conserver toute augmentation de stock de monnaie sous forme d'une encaisse oisive ; dans ce cas, la demande de monnaie présente une élasticité infinie, c'est-à-dire elle est parallèle à l'axe des quantités (cf. graphique n°1). L'asymptote horizontale explique qu'il existe un taux en dessous duquel les agents économiques n'éprouvent aucun intérêt à placer leur richesse en titres. C'est ce phénomène que Keynes (1936) a appelé « liquidity trap » (la trappe à liquidité). Il existe, dans sa théorie, un taux d'intérêt que les agents économiques considèrent comme normal ; lorsque le taux d'intérêt s'élève au dessus de ce dernier, les agents économiques ont tendance à croire que le taux d'intérêt baissera par la suite ; par contre, lorsque le taux d'intérêt se trouve en dessous du taux normal, il est supposé croître. Plus le taux d'intérêt baisse, plus le rendement du placement en titres baisse, et plus les agents économiques détiennent une proportion importante de monnaie ; la fonction de demande de monnaie peut s'écrire de la façon suivante :

$$M^d = B_o + B_i (i - i_t) \qquad (2)$$

où i_t est le taux d'intérêt correspondant à la trappe à liquidité et i le taux d'intérêt sur le marché.

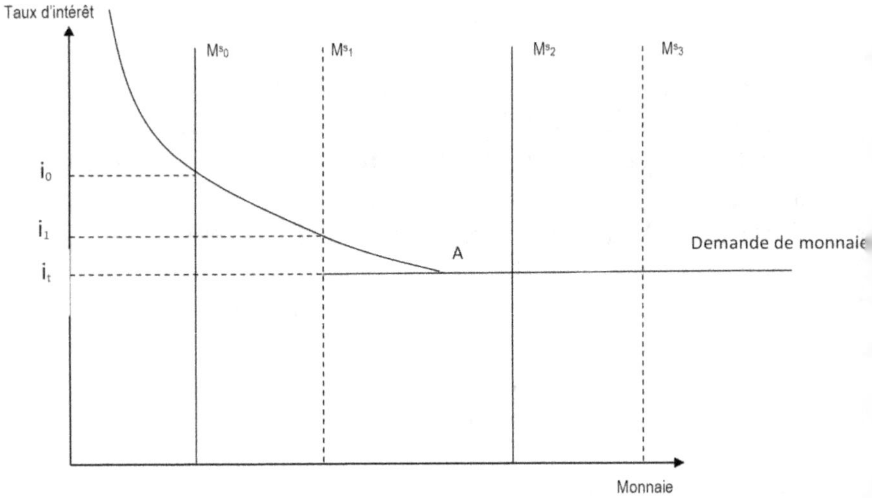

Graphique n°1

Sur la courbe de demande de monnaie (graphique n°1), si l'offre de monnaie augmente de M^s_o à M^s_1, les individus se retrouvent avec un excédent de monnaie. Leur réaction, c'est d'acheter des titres, ce qui, naturellement, fera augmenter le prix des titres et réduira le taux d'intérêt. Au point A, le taux d'intérêt est tombé à un niveau si bas en dessous de son niveau normal que les agents économiques ont tendance à croire que le taux d'intérêt augmentera à l'avenir, de sorte que les pertes en placement en capital annuleront les gains d'intérêt sur les titres. Si l'offre de monnaie augmente de M^s_2 à M^s_3, personne, par conséquent, ne voudra acheter des titres. Chaque agent préfèrerait détenir l'excédent de monnaie additionnelle plutôt que de risquer de perdre, en détenant des titres.

Sous un autre angle, une petite modification du niveau du taux d'intérêt entraîne un important changement dans la composition du portefeuille désiré par les agents économiques au point A. L'abandon massif de titres lorsque le taux d'intérêt tombe aussi bas jusqu'au niveau i_t rassure que le prix des titres n'augmentera plus et que ce taux plus que le taux d'intérêt sur le marché, par conséquent, n'augmentera pas. C'est donc le phénomène de la trappe à la liquidité. En cas de trappe à liquidité, la politique monétaire devient inefficace, car un changement dans l'offre de monnaie n'aura aucun effet sur le taux d'intérêt du marché. Par conséquent, l'équilibre sur le marché de la monnaie persistera au niveau du taux d'intérêt i_t même si l'offre de monnaie augmente.

Dans l'équation de Cambridge, la trappe à liquidité implique que toute augmentation de M^d provoque une augmentation proportionnelle de k ; par conséquent, YP ne sera pas affecté.

Le niveau plancher du taux d'intérêt a une importance capitale sur l'équilibre du niveau de revenu dans une économie ; en effet, dans le modèle keynésien, l'épargne S est uniquement déterminé par le niveau de revenu Y, tandis que l'investissement I est déterminé par le taux d'intérêt réel. Et dans la situation de la trappe à liquidité, l'épargne désirée S, compatible avec le niveau de revenu du plein-emploi, excède l'investissement I.

Le déséquilibre ne peut être corrigé que par une baisse de revenu réel qui, à son tour, réduit l'épargne S. Sans la trappe à liquidité, l'épargne et l'investissement seraient égaux au niveau du revenu de plein-emploi.

On en déduit que l'attrait de la détention de la monnaie par rapport à la détention de capital productif est la cause de l'inadéquation entre niveau d'investissement et niveau d'épargne. Et le modèle keynésien résout ce déséquilibre par une réduction du revenu. Aussi, un plafonnement de taux d'intérêt imposé par les autorités stimulera-t-il l'investissement par l'existence du bas taux d'intérêt, pourvu qu'une politique monétaire appropriée soit menée.

1.2. Modèle de croissance et répression financière

L'analyse de la répression financière a été largement développée dans la période d'après-guerre (comme nous le verrons plus loin). Toutefois, son impact sur la croissance économique dépend largement du type de modèle de croissance économique.

1.2.1. La répression financière et le modèle Harrod-Domar

A l'inverse du modèle néoclassique basé sur la fonction de production Cobb Douglas qui conclut à un effet temporaire, dans le modèle Harrod-Domar (1960 ,1957), tout impact des conditions financières sur le rapport épargne-investissement entraîne un effet permanent sur le taux de croissance à long terme de l'économie. En effet, le modèle Harrod-Domar (1960, 1957), habituellement utilisé dans la théorie du développement économique, est basé sur l'hypothèse du surplus de la force de travail. Dans ces conditions, on peut écrire la relation suivante :

$$Y = a K \qquad (3)$$

Ce qui implique

$$\Delta Y = a \Delta K \qquad (4)$$

Si l'on divise les deux côtés de cette égalité par Y, on a :

$$\Delta Y/Y = a\,\Delta K / Y = a\,I / Y \qquad (5)$$

car $\Delta K = I$

Mais, $\Delta Y / Y = g$, c'est le taux de croissance de l'économie. Ainsi on peut écrire :

$$g = \Delta Y / Y = a\,I / Y \qquad (6)$$

Une augmentation du taux I / Y fait croître systématiquement le taux de croissance de l'économie.

L'hypothèse de rendement marginal constant dans le modèle va être renforcée plus tard, dans les modèles de croissance endogène développés à partir du milieu des années 1980. En effet, ces modèles que nous verrons en détail plus loin, posent que le produit marginal du capital ne diminue pas lorsque l'on prend en compte l'ensemble de l'économie.

1.2.2. Le modèle de Tobin

La trappe à liquidité dans la théorie de Keynes (1936) est basée essentiellement sur une demande de monnaie particulière dans laquelle une seule composante du patrimoine détenu est affectée par le coût d'opportunité du patrimoine alternatif constitué par les gains procurés par les titres.

L'approche, aujourd'hui, diffère en ce sens que la monnaie est traitée de la même façon que les autres biens durables et comme telle, elle est censée procurer un ensemble de services à ses détenteurs. Cet ensemble de services rendus par la monnaie est exprimé en termes de taux de rendement implicite de la détention de la monnaie. Et si l'on se réfère à la théorie de l'utilité marginale décroissante, on peut alors dire que plus la valeur de la monnaie détenue est élevée, plus le taux de rendement est petit. Ainsi la demande de monnaie peut être analysée de la même façon que celle de n'importe quel bien. Dans ces conditions, la quantité de monnaie variera de façon inversement proportionnelle à son prix, c'est-à-dire son coût, dans la mesure où la théorie de la maximisation de l'utilité implique que les détenteurs de monnaie accroissent leur détention de monnaie jusqu'au niveau où son utilité marginale (le service implicite procuré par la dernière unité de monnaie) est égale à son coût d'opportunité. Aussi, tire-t-on la conclusion que la demande de monnaie est inversement liée à son coût d'opportunité. Ici, ce qui constitue la contrainte à cette demande est la richesse totale.

Dans le modèle formulé par James Tobin (1965), relatif aux relations entre la monnaie et la croissance économique, les agents économiques allouent leur richesse entre la monnaie M et le capital K. Tobin (1965) fait l'hypothèse que dans l'économie, les unités économiques sont toutes des ménages-producteurs de sorte que le secteur des producteurs et celui des ménages sont confondus. Par conséquent, les demandes de monnaie et de capital sont formulées de façon suivante :

$$M^d = (a_{10} + a_{11}r + a_{12}\pi)\ W \qquad (7)$$

$$K^d = (a_{20} + a_{21}r + a_{22}\pi)\ W \qquad (8)$$

$r =$ le rendement réel du capital productif

$\pi =$ le taux d'inflation

$W =$ le patrimoine, la richesse.

James Tobin (1965) pose que, dans ce cas, $r + \pi$ est égal au taux d'intérêt nominal i et constitue le coût d'opportunité de la détention de la monnaie, r étant le rendement réel du capital productif.

Les coefficients a_{10}, a_{11}, a_{12}, a_{20}, a_{21}, a_{22} sont soumis aux deux conditions suivantes du fait que les deux équations de demande de monnaie et de demande de capital productif forment un système d'équations de demande :

- la somme des coefficients est égale à un

$$a_{10} + a_{20} = 1$$

$$\text{si} \quad r + \pi = 0, \ M^d = a_{10}\, W$$

- la somme de a_{11} et a_{21} doit être égale à zéro, de même que la somme de a_{12} et a_{22}.

Dans ce modèle, lorsque le rendement du capital augmente relativement à celui de la monnaie, les ménages augmentent leur part de capital par rapport à la monnaie dans leur portefeuille. Et ce changement dans le portefeuille entraîne un capital par tête plus élevé (K / L), une productivité du travail plus grande, et par conséquent, un plus grand revenu par tête (Y/L). On tire donc la conséquence que le taux de croissance augmente à la suite d'un accroissement du capital par tête engendré par la baisse du rendement de la monnaie.

La conclusion est donc que la réduction du rendement de la monnaie accroît le bien-être dans l'économie. Ce résultat peut être atteint, soit par une réduction du taux d'intérêt créditeur (taux d'intérêt sur les dépôts), soit par une taxation de la monnaie, soit par l'accélération du taux de croissance du stock de monnaie, augmentant par la même occasion, le taux d'inflation.

Stantley Fisher (1979) a présenté un modèle dynamique qui prend en compte l'effet Tobin et a montré que le rythme avec lequel l'économie approche l'état d'équilibre peut être affecté par le taux de croissance de la monnaie, donc le taux de rendement de la monnaie tel que déterminé par Tobin (1965).

Drazen (1981) a montré que les propriétés de l'état d'équilibre dépendent du stade de transition si l'introduction du progrès technique prend la forme de la connaissance par la pratique (learning – by –doing). Néanmoins, dans un modèle de croissance endogène, plus que dans le modèle néoclassique, le modèle d'allocation du portefeuille de Tobin produit des effets permanents sur le taux de croissance économique.

John Gurley et Edward Shaw (1960, 1972, 1973) eux, ont introduit, dans leur analyse, les concepts de monnaie interne et de monnaie externe. La monnaie interne est la monnaie créée pour être prêtée au secteur privé, car elle est basée sur la dette interne du secteur privé ; selon ces auteurs, tout changement dans la quantité de monnaie interne n'a aucun effet sur la richesse du secteur privé, et la modification dans les avoirs (actifs) est exactement compensée par le même changement dans les engagements (passif) dans le bilan du secteur privé.

La monnaie externe est celle qui est basée sur les prêts à l'Etat. Et une modification dans la quantité de monnaie externe modifie la richesse du secteur privé parce que l'augmentation de la quantité de monnaie n'est accompagnée par aucune modification dans le passif du bilan du secteur privé (engagement). Ainsi aucune quantité de monnaie interne n'est disponible pour financer les investissements du secteur privé. Lorsque la monnaie est totalement externe, les banques détiennent les titres de l'Etat et ne font aucun prêt au secteur privé.

Néanmoins, Patinkin (1986) et Kapur (1986) affirment que même si la monnaie est externe, les conclusions de Tobin peuvent être inversées si le stock réel de monnaie est intégré dans la fonction de production globale.

Patinkin (1965), en introduisant le concept d'encaisses réelles dans l'analyse, aboutit à un accroissement de l'investissement engendré par l'effet d'encaisses réelles. En effet, il soutient que l'individu tient compte, dans une économie monétaire, des changements de prix, car ils affectent la valeur réelle de la monnaie qu'il détient. Et l'effet d'encaisses réelles mesure les répercutions, sur la demande, d'une modification des encaisses réelles. « Si, de façon schématique, l'effet d'encaisses réelles peut être assimilé à l'effet Pigou qui est l'effet que l'augmentation de la valeur réelle des avoirs monétaires provenant de la diminution des salaires et des prix exerce sur l'épargne », Pierre Pascalon (1985) relève des nuances : « Si donc, globalement, il y a analogie entre effet d'encaisses réelles et effet Pigou, il convient pourtant d'apporter quelques précisions (....). Tout d'abord, alors que l'effet Pigou a été dégagé principalement dans un cadre déflationniste, l'effet d'encaisses réelles, au contraire, parait jouer aussi bien comme antidote à la dépression qu'à l'inflation. Par ailleurs, alors que l'effet Pigou opère seulement sur le marché des biens et des services, l'effet d'encaisses réelles est plus large et combine, en fait, l'effet Pigou et l'effet Keynes, c'est-à-dire, qu'il intervient aussi sur le marché monétaire, mettant en œuvre, la relation indirecte keynésienne encaisse-investissement, par le biais du taux d'intérêt ».

En effet, avec l'hypothèse de la constance du stock de monnaie et de la monnaie externe, l'effet d'encaisses réelles ou effet Patinkin se caractérise par le fait que les réductions de prix augmentent les encaisses monétaires des individus ; Mais, à cause de la relation désirée que les individus établissent entre les encaisses monétaires qu'ils détiennent et leurs dépenses en biens et services, lorsque les prix baissent, cette relation est modifiée et les individus se trouvent avec une offre excédentaire d'avoirs liquides dont ils dépensent une partie en biens et services ; l'autre partie est prêtée, ce qui accroît les fonds prêtables et provoque une baisse du taux d'intérêt. Mais, avec un taux d'intérêt plus bas, de l'investissement additionnel aura lieu. Comme on le voit, l'effet d'encaisses réelles provoque à la fois une augmentation de la consommation (effet Pigou) et de l'investissement (effet Keynes).

En conclusion, nous pouvons dire que le plafonnement du taux d'intérêt (créditeur) trouve sa justification dans la théorie keynésienne. Toutefois, cette théorie keynésienne comme justification de la répression financière va être fortement remise en cause par McKinnon et Shaw (1973) et leurs disciples à partir des années 1970.

II. L'OBJECTION DE MCKINNON ET SHAW ET LEURS DISCIPLES

En 1973, alors que durant la période d'après-guerre, l'analyse du secteur financier était dominée par la théorie keynésienne de la répression financière, Ronald McKinnon et Edward Shaw (1973) démontrèrent que la répression financière, en introduisant des distorsions de prix incluant le taux d'intérêt et le taux de change extérieur, réduit le taux de croissance réel et la taille du système financier dans une économie. En effet, leurs analyses de certaines économies en développement, financièrement réprimées (Corée, Taiwan) montrèrent que la répression financière avait fortement freiné le processus de développement de ces économies. La solution, selon eux, c'est, d'une part, l'élimination de ces distorsions causées par la répression financière, et d'autre part, le développement et la libéralisation du secteur financier.

Dans leurs études, McKinnon (1973), Shaw (1973) et leurs disciples, notamment Mathieson et Kapur, ont mis l'accent sur la répression financière consistant en la fixation du taux d'intérêt créditeur par l'Etat en dessous du niveau d'équilibre du marché.

2.1. Le modèle McKinnon-Shaw

La pensée économique favorable au développement du secteur financier date du 17e siècle avec John Locke (1695) et a connu un développement timide au cours des siècles suivants avec Adam Smith (1776) et Joseph Schumpeter

(1912). Ce dernier disait que « l'entrepreneur qui incarne le développement économique ne peut devenir entrepreneur qu'après avoir été, auparavant, débiteur ». Mais, malgré l'insistance de Schumpeter sur le rôle important du secteur financier dans le processus du développement économique, peu d'attention lui avait été accordée et la pensée keynésienne avait continué de dominer la théorie économique en la matière.

Mais, Ronald McKinnon et Edward Shaw (1973) rejetèrent les thèses keynésiennes de la répression financière et démontrèrent les effets négatifs de celle-ci sur le développement économique d'un pays. Leur analyse peut être représentée par le graphique n°2.

Au niveau d'épargne Sg_i donné, correspondant au taux de croissance économique g_i, l'épargne est une fonction positive du taux d'intérêt réel. Soit R, la ligne représentant la répression financière, c'est-à-dire le taux d'intérêt nominal fixé administrativement ; par hypothèse, le taux d'intérêt réel administré se trouve en dessous de son niveau d'équilibre ; l'investissement réel est limité seulement à I_1, c'est-à-dire le montant total de l'épargne aux taux d'intérêt réel r_1 ; comme on le voit, lorsque le taux d'intérêt baisse, le niveau de l'épargne baisse également. Ce comportement de l'épargne trouve son explication dans la partie du patrimoine qui ne se déprécie pas ; il s'agit, principalement, de la terre. En effet, lorsque le taux d'intérêt réel baisse, la terre devient un refuge pour l'épargne. La conséquence de cette baisse, c'est que les ménages retirent davantage d'argent pour acheter de la terre. La logique veut que le prix de la terre augmente alors plus vite que le niveau général des prix. Le niveau de revenus réels des ménages n'ayant pas changé, le ratio richesse-revenu augmentera dans le secteur des ménages. La richesse croissant, nécessairement la consommation présente et future croîtra ; ce qui, naturellement, réduit la portion de l'épargne dans le revenu.

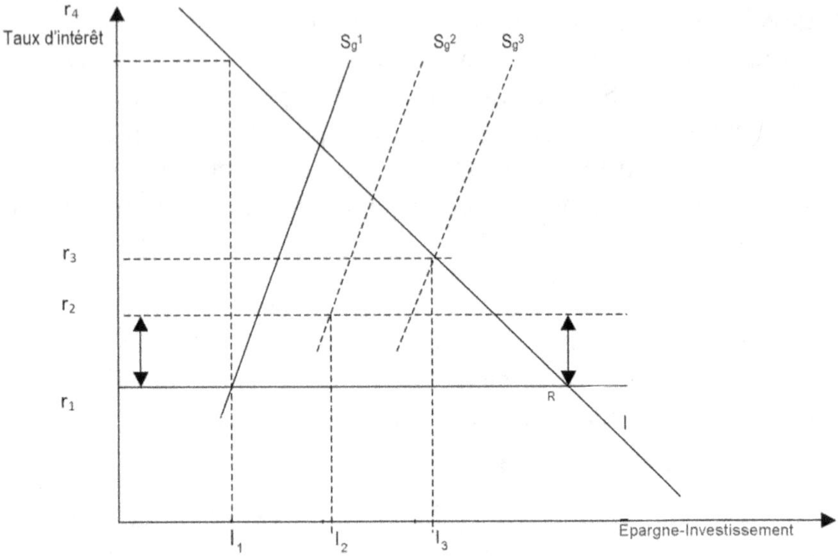

Graphique n°2

Si l'on considère que le plafonnement s'applique seulement au taux d'intérêt créditeur (taux qui rémunère l'épargne), l'investisseur-emprunteur se trouve avec un taux r_4, c'est-à-dire celui qui équilibre le marché à une offre d'épargne contrainte se situant à I_1. La différence du niveau de taux d'intérêt r_4 - r_1 serait dépensée par le système régulé, mais compétitif sur la base d'une compétition sans prix (par exemple l'ouverture de nouvelles branches ou la publicité).

Dans le cas du plafonnement du taux d'intérêt, les crédits sont alloués, non pas en fonction de la productivité du projet d'investissement, mais des coûts de transactions et des risques de défaut. Ainsi le plafonnement empêche les institutions financières de prendre des risques et les investissements à haut rendement de se réaliser. On peut donc dire, en résumé, que le plafonnement du taux d'intérêt crée différentes distorsions dans l'économie de la façon suivante :

- le taux d'intérêt bas favorise la consommation présente et réduit la consommation future, ce qui, naturellement, peut réduire le niveau d'épargne ;

- les prêteurs prêtent pour des investissements à rendement relativement peu élevé au lieu de déposer leur argent à la banque ;

- corrélativement, les emprunteurs capables d'obtenir tous les fonds recherchés opteront, à taux bas, éventuellement, pour des projets utilisant plus de capital.

Dans le graphique précédent, lorsque le taux d'intérêt plafonné passe de r_1 à r_2, l'épargne et l'investissement augmentent. Ceci entraîne un accroissement du taux de croissance.

2.1.1. McKinnon

La formulation de la demande de monnaie faite par McKinnon (1973) est la suivante :

$$M / P = f(Y, I / Y, d-\pi^e) \qquad (9)$$

M = le stock de monnaie (M_2)

P = le niveau général des prix

Y = le revenu réel

I/Y = le ratio de l'investissement par rapport au PIB

$d - \pi^e$ = le taux d'intérêt réel sur les dépôts

π = le taux d'inflation

d = le taux d'intérêt nominal sur les dépôts

Dans cette formulation, McKinnon (1973) montre la complémentarité entre la monnaie et le capital physique. En effet, dans son analyse du système financier des pays en développement (Corée et Taïwan) McKinnon (1973, 1981) fait apparaître un dualisme financier, car le marché des fonds prêtables est partitionné : d'un côté, les banques, et de l'autre, le secteur informel. De l'analyse de ce dualisme, il aboutit à la thèse de la répression financière.

En effet, dans ces pays en développement, le système financier est caractérisé, dans le secteur officiel, par une insuffisance d'intermédiation financière bancaire ou non, l'inexistence de marchés de fonds prêtables longs, et dans le secteur souterrain, par une désarticulation et une segmentation des processus de collecte de l'épargne qui est essentiellement liquide.

Au niveau officiel, le taux d'intérêt est contrôlé à des niveaux bas, et les taux d'intérêt réels négatifs observés pendant de nombreuses années réduisent l'incitation aux placements bancaires et renforcent le rationnement traditionnel de l'offre de crédit bancaire pourtant nécessaire à la dépense d'investissement privé.

Au niveau du secteur informel, les niveaux très élevés de taux d'intérêt réels positifs appliqués aux prêts contrastent avec ceux appliqués aux placements courts sur ce marché ou avec les taux débiteurs appliqués aux opérations bancaires quelle que soit leur durée. La conséquence est que le niveau d'accumulation du capital est contraint, ce qui provoque une demande insatisfaite de fonds prêtables pour trois raisons principales :

- la décision d'investir qui est ex ante, résulte en plus du profit anticipé, du comportement et du niveau de l'épargne de sorte qu'il y a corrélation entre ces deux variables ; en effet, dans les pays en développement, les investisseurs étant en même temps épargnants (McKinnon, 1973), l'accumulation monétaire précède toujours la réalisation de la dépense d'investissement privé ;

- la monnaie, corrélativement à ce qui précède, constitue un complément des actifs réels et, rarement, un substitut à leur détention ; en effet, le système financier étant caractérisé par la faiblesse du volume de financement externe, toute dépense importante d'investissement envisagée exige, au préalable, une augmentation des encaisses réelles nécessaires ;

- il n'y a donc pas arbitrage entre monnaie et actifs physiques au sens traditionnel. Les encaisses liquides servent de relais ou conduit (selon les termes de McKinnon) à la formation du capital de sorte qu'épargne liquide et accumulation du capital varient parallèlement (C. Eboué, 1990).

A ce propos, Elsa Assidon (1996) résume mieux le modèle de McKinnon : « (...) il y a confusion, chez le même agent, des fonctions d'épargnant et d'investisseur ; il n'existe donc pas de marché financier sur lequel on puisse identifier une offre et une demande de fonds prêtables ». Et elle pense que « lever la répression financière que les politiques keynésiennes, incitatives pour l'investissement, exercent sur l'épargne intermédiée, est un préalable ; il est nécessaire d'adopter des taux d'intérêt réels positifs incitatifs pour l'épargne ». Selon elle, le processus attendu de ce changement est d'ordre structurel : « Dans un premier temps, les agents substituent de la monnaie à des actifs réels ; cette monétarisation signifie que la monnaie va à la banque, sous forme de dépôt, renforce les intermédiaires financiers, ce qui augmente le taux d'épargne intermédiée. La mesure de l'approfondissement financier se fera donc à partir des agrégats monétaires ». En effet, pour Elsa Assidon, « l'effet de complémentarité entre la monnaie et le capital physique provient du fait que les agents augmentent le volume de l'investissement autofinancé, car le risque de détention étant mieux couvert, ils accumulent plus longtemps, à revenu égal ». Dans un deuxième temps, « le processus de transformation structurelle prend la forme de l'apparition de deux catégories d'agents : ceux qui épargnent et ceux qui investissent, ce qui correspond à un recul de l'autofinancement. Emerge alors un marché de capitaux qu'il s'agit de libérer des contraintes réglementaires ».

2.1.2. Le modèle de Shaw

Shaw et John Gurley (1955) ont montré la grande différence qui existe entre les systèmes financiers dans les pays en développement et ceux des pays développés. Au contraire des pays sous-développés, le système financier dans les pays développés, tout en étant très sophistiqué, facilite l'intermédiation entre épargnants et investisseurs.

En effet, Shaw (1975) a construit un modèle où la monnaie est soutenue par les prêts d'investissement productifs faits au secteur privé. Dans ce modèle, plus le stock de monnaie par rapport au niveau de l'activité économique est élevé, plus grande sera le degré d'intermédiation entre épargnants et investisseurs résultant du développement du secteur financier ; Shaw (1992) affirme que le développement du secteur financier accroît la stimulation à épargner et à investir et augmente la productivité moyenne de l'investissement. L'intermédiation financière accroît les rendements de l'épargne en même temps qu'elle réduit le coût réel de l'investissement par l'aménagement de la préférence pour la liquidité, la réduction du risque à travers la diversification, l'introduction de l'économie d'échelle dans le prêt, l'accroissement de l'efficacité transactionnelle et la réduction du coût de l'information, à la fois pour l'épargnant et pour l'investisseur, à travers la spécialisation et la division du travail. L'intermédiation est réprimée lorsque les taux d'intérêt sont fixés administrativement en dessous du niveau d'équilibre. Le modèle de Shaw est formulé comme suit :

$$M/P = f(y, v, d-\pi^e) \qquad (10)$$

où v est le vecteur du coût d'opportunité de la détention de la monnaie en terme réel. Shaw pense que toute forme de richesse a des effets positifs sur le taux d'épargne.

2.2. Les disciples

De façon générale, tous les auteurs qui ont abondé dans le même sens que Mckinnon et Shaw, ont montré que la demande de monnaie est une fonction du taux d'intérêt créditeur réel $d-\pi^e$; d étant fixé, un taux d'inflation élevé π^e réduit la demande de monnaie en termes réels (M^d/P). Les engagements (passifs) et les avoirs (actifs) du système bancaire diminuent également. D'où la raréfaction de l'offre de crédits pour le financement des investissements.

Dans le cadre de l'analyse du portefeuille, un taux d'intérêt créditeur bas encourage les ménages à détenir du patrimoine improductif comme refuge plutôt que de faire des dépôts qui pourraient servir à financer du capital productif. Par conséquent, l'accumulation du capital productif diminue, réduisant par la même occasion, le taux de croissance. Ainsi la répression financière réduit le taux de croissance économique. Parmi les disciples de McKinnon et Shaw, Kapur (1976) et Mathieson (1980) ont présenté les modèles les plus élaborés. Leurs modèles s'appliquent à une économie en développement, en situation de surplus d'offre de travail, caractérisée par la fonction de production globale du modèle Harrod-Domar suivant :

$$Y = \sigma K \qquad (11)$$

où Y est le produit réel et K, le capital total utilisé. Le capital K est composé du capital fixe et du fonds de roulement (working capital). Les deux formes de capital sont combinées dans un rapport constant. Si la part du capital fixe dans le capital total utilisé est α, alors la part du fond de roulement (working capital) dans le capital utilisé sera $1-\alpha$.

Kapur (1976) et Mathieson (1980) supposent, dans leurs modèles, que le coefficient du capital σ (Y/K) est contant.

Kapur a aussi abouti à la conclusion que le taux de change réel (qui est le taux de change nominal ajusté des taux d'inflation intérieur et extérieur) pourrait se déprécier en période de transition de la répression financière à la libéralisation financière. Or, une dépréciation du taux de change réel réduit la croissance économique. Il démontre alors qu'il n'est pas nécessairement optimal de dévaluer le taux de change nominal à un niveau de taux nécessaire à l'équilibre de la balance des paiements. Il pense, en effet, qu'une telle dévaluation pourrait provoquer des flux de capitaux à terme excessifs.

2.3. Les critiques du modèle McKinnon-Shaw

Les critiques du modèle McKinnon-Shaw sont venues de la part des structuralistes et d'autres économistes. Les néo-structuralistes dont Edward Buffie (1984), Lance Taylor (1983), Van Wijnbergen (1982) et Joseph Stiglitz (1994) ont utilisé le principe de marge de prix, le modèle de l'inflation par le coût et les mécanismes d'ajustement keynésiens pour démontrer les effets exactement contraires exercés par le secteur financier dans le modèle McKinnon-Shaw. En effet, pour eux, le taux d'intérêt nominal, déterminé sur le marché du crédit non institutionnel, s'ajuste pour faire égaler la demande et l'offre de monnaie au crédit, et le revenu, de son côté, s'ajuste pour assurer l'équilibre entre la demande et l'offre de biens sur le marché des biens et services.

Stiglitz (1994) a axé sa critique sur l'échec du marché dans le secteur financier. A cet égard, il préconise des formes d'interventions étatiques qui, non seulement feraient mieux fonctionner ce marché, mais amélioreraient les performances de l'économie.

Les autres néostructuralistes, Buffie (1984), Kohsaka (1984), Lance Taylor (1983) et Van Wijnbergen (1982, 1983) ont conclu, à partir de leurs analyses, basées sur l'allocation du portefeuille de James Tobin, que la libéralisation du système financier a plutôt tendance à réduire le taux de croissance économique par la réduction de l'offre totale réelle du crédit disponible pour les entreprises. En effet, pour ces auteurs, les fonds circulent librement entre le système bancaire et le marché financier de sorte que les épargnants et les investisseurs peuvent utiliser ces deux types de marchés. Mais, ils assurent que le taux d'intérêt convenable est celui du marché financier dans la mesure où il représente, d'une part, le coût de l'emprunt, et d'autre part, entre en ligne de compte dans la fonction de demande de monnaie, parce que les prêts, sur le marché financier, constituent une alternative à la détention de monnaie. Un accroissement du taux d'intérêt du marché accroît le niveau des prix par l'augmentation des coûts des fonds de roulement. Un accroissement de taux d'intérêt sur le marché financier réduit également le revenu parce qu'il cause un désinvestissement. Une augmentation du taux d'intérêt sur les dépôts (taux créditeur) pourrait accélérer le taux d'intérêt du marché financier, et par conséquent, ralentir la croissance économique s'il réduit l'offre totale de capital tant du côté du système bancaire que du côté du marché financier. Van Wijnbergen (1982,1983) soutient également qu'une politique monétaire restrictive réduit le taux de croissance économique en réprimant considérablement le crédit disponible. Si, l'offre réduisant l'effet d'une telle politique est plus importante que l'effet de réduction exercée par la demande, la balance des paiements, à partir de son compte courant, se détériorera, à la suite d'une telle politique.

D'autres économistes tels que Pagano (1993), en utilisant le modèle à trois stades, arrivent à la conclusion que le taux de croissance économique sera réduit pendant la transition.

En effet, l'incapacité pour les jeunes ménages de consommer autant qu'ils voudront pendant la période t+1, accroît l'âge moyen de consommation dans le modèle de cycle de vie ; en conséquence, pour un taux de croissance donné, le taux d'épargne d'équilibre augmente. Un plus grand effet du taux de croissance implique qu'une croissance accrue aura un impact sur le taux d'épargne.

A cet égard, la fonction de production globale, dans le modèle de croissance endogène, serait :

$$Y = AK^{\alpha+\eta} \qquad (12)$$

Si $\alpha+\eta = 1$, en dérivant et en divisant les deux côtés par Y, l'équation devient :

$$\Delta Y / Y = y = A\,(I / Y) = g \qquad (13)$$

Dans la mesure où un taux d'épargne élevé provoque un taux d'investissement élevé, le taux de croissance d'une économie fermée avec une contrainte de liquidité ascendante est plus élevé que celui dans une économie avec un marché de crédits.

D'autres économistes ont, contrairement au modèle McKinnon-Shaw (1973), montré que le coût du contrôle est une fonction croissante du volume de prêts. Hillier et Worrall (1994) assument que, dans la mesure où le taux d'intérêt créditeur doit être accru pour drainer plus de crédits, cet accroissement doit être fait dans des conditions compétitives. Mais, un plus grand taux de crédit accroit le risque de défaut, et par conséquent, le coût de contrôle ; du coup, le coût marginal excède le coût moyen. Et les deux auteurs montrent que le coût social marginal excède le bénéfice social marginal parce que le coût de contrôle intervient comme une externalité. Les banques, guidées par la concurrence, égalent les remboursements anticipés au coût moyen de contrôle plus ce qu'elles paient aux déposants pour sécuriser leurs fonds. Ainsi l'optimalité sociale n'est pas atteinte, et le marché produit trop de crédits et d'excédents de coût de contrôle, selon les deux auteurs. Dans ces conditions, le bien-être peut être amélioré par l'imposition d'un plafonnement sur le taux d'intérêt sur les dépôts (taux d'intérêt créditeur).

Tout en se basant sur les travaux de Michael Kalecki (1939, 1971), Yilmaz Akyuz (1991) a démontré qu'une modification du taux d'intérêt réel modifie la distribution du revenu. Il estime, en particulier que des taux d'intérêt créditeurs plus élevés accroissent les revenus des ménages au détriment des entreprises et de l'Etat, en provoquant un transfert de revenu des débiteurs (entreprises et Etat) aux créanciers (ménages). En économie ouverte, un taux d'intérêt réel plus élevé contribue à apprécier le taux de change réel, ce qui réduit la compétitivité des exportations et décourage l'investissement dans ce secteur. Les deux auteurs estiment également que la libéralisation du secteur financier permet au système bancaire d'exploiter les pouvoirs de monopoleur et d'accroître l'inégalité.

En conclusion, nous pouvons dire que les critiques formulées contre le modèle McKinnon-Shaw, ne peuvent remettre en cause, de façon significative, les conclusions de ce modèle. Quelles que soient les critiques, l'impact du secteur financier et du système bancaire, donc de la monnaie, demeure primordial dans le développement d'une économie.

2.4. Répression financière et afflux de capitaux

Face à la répression financière qui réduit l'épargne, certains pays, particulièrement les pays en développement, peuvent faire appel aux capitaux étrangers pour financer les besoins d'investissement domestiques qui sont au-dessus du niveau de l'épargne interne.

Le but de ce paragraphe est d'examiner les effets de l'afflux de capitaux en situation de répression financière. Mais, l'afflux de capitaux se fait sous deux formes : l'accumulation de dette extérieure et l'investissement direct étranger.

2.4.1. L'accumulation de dette extérieure

Selon Fry (1989), lorsque la répression financière accroît le déficit du compte courant, elle accélère la constitution de dette extérieure. Mais, le degré et le niveau de financement du déficit du compte courant dépendent, à la fois, du désir du pays hôte de dépenser plus que son revenu et de la volonté du reste du monde de financer le déficit du pays hôte, à partir de son épargne.

Fry (1989) montre qu'en absence de répression financière, l'accumulation de dette extérieure réduit l'investissement interne et accroît l'épargne nationale, à partir du taux d'intérêt réel plus élevé. Et, au fur et à mesure que le processus continue, le déficit du compte courant diminue jusqu'à atteindre un état d'équilibre dans lequel le ratio dette extérieure / PIB est constant.

L'accumulation de la dette extérieure de l'Etat ou garantie par l'Etat peut aussi décourager l'investissement interne dans la mesure où elle implique l'éventualité d'impôts plus élevés, dans l'avenir, au niveau interne. A ce propos, d'ailleurs, Anne Krueger (1987) estime que lorsque les obligations du service de la dette sont élevées, les ressources publiques croissantes, en vue de faire face à ces obligations, pourraient dissiper les stimulations à investir et réduire les ressources disponibles pour le secteur privé.

Eaton (1987), lui, relève qu'avec l'accumulation de la dette extérieure, les ménages pourraient redouter et anticiper des charges fiscales plus élevées, en vue du paiement du service de la dette. Ils auront, par conséquent, une forte tendance à transférer leurs avoirs à l'étranger.

Ricardo (1810) avait déjà prédit cette situation où, « pour le contribuable, la tentation de se déplacer et de déplacer son capital dans un autre pays où il pourrait être exempté de telles charges, devient irrésistible et dépasse la réticence naturelle que chaque individu a à quitter son pays de naissance ».

Les épargnants (Fry, 1989) pourraient aussi percevoir l'accumulation de la dette extérieure comme un motif de stimulation de l'Etat à encourager les exportateurs ; ceci pourrait entraîner une dépréciation du taux de change réel ; dans ce cas, le rendement sur les avoirs détenus à l'étranger serait plus élevé que le rendement au niveau national. Ce qui provoquera une fuite de capitaux, et la fuite des capitaux, quelle qu'en soit la forme, réduit l'épargne nationale.

Dans une économie financièrement réprimée, le taux d'intérêt créditeur plafonné à un niveau bas réduit l'épargne nationale. Ceci réduit l'investissement interne en créant un déficit plus important du compte courant qui ne peut être financé qu'à un taux d'intérêt réel plus élevé. « Dans la mesure où le coût effectif de l'épargne étrangère est fonction de la position d'endettement extérieur passée du pays, une longue période de répression financière dissipe l'investissement interne par un pourcentage de détérioration plus important. Tant que la répression financière provoquera un taux d'intérêt effectif plus élevé, l'investissement et la croissance économique baisseront ».

2.4.2. L'investissement direct étranger

L'impact négatif de l'accumulation de la dette extérieure a fait que beaucoup de pays en voie de développement ont opté pour la solution de rechange que constitue l'afflux de l'investissement direct étranger. En effet, l'investissement direct étranger, tout en évitant des coûts élevés d'emprunts extérieurs, permet de financer le déficit du compte courant en palliant l'insuffisance de l'investissement interne. Et lorsque le volume de l'investissement direct étranger représente une faible part dans le capital investi, ceci ne peut entraîner qu'une infime part de profit rapatrié. Mais, une grande partie de capital détenue par les investisseurs étrangers, au fur et à mesure que l'investissement direct étranger prend de plus en plus d'importance, peut provoquer une sortie de flux excédant nettement les flux sous forme de paiement d'intérêt dû à l'endettement externe. Dans ces conditions, dans le traitement de l'investissement direct étranger, comme source de financement alternatif à l'endettement extérieur, l'on doit faire des évaluations pour savoir s'il est plus bénéfique, pour le pays, de stimuler et substituer l'investissement direct étranger à l'endettement extérieur.

Fry (1993) estime que même si la productivité moyenne de l'investissement direct étranger est plus élevée que celle de l'investissement interne, dans une économie financièrement réprimée, d'autres distorsions pourraient inverser les productivités relatives. Dans un contexte de croissance endogène, les externalités de l'investissement direct étranger seraient bien moins importantes que celles de l'investissement interne.

La revue des différentes théories économiques traitant de l'impact de la répression financière sur la croissance économique d'un pays nous a permis de conclure que la monnaie joue un rôle fondamental dans la croissance économique, contrairement aux thèses keynésiennes. Cette conclusion qui est aussi celle de McKinnon et Shaw (1973) confirme, malgré quelques critiques des structuralistes, le rôle essentiel de l'intermédiation financière dans le développement économique d'un pays. Le système bancaire joue donc un rôle fondamental dans le développement d'une économie, particulièrement dans les pays en développement (à économies d'endettement) où l'épargne (au rôle discutable) demeure insuffisante, l'investissement encore faible ou souvent rare. Malgré le rôle primordial de la monnaie, la politique monétaire ne peut pas permettre d'acquérir la bonne gouvernance économique si elle est sous-optimale et/ou est contrariée par des politiques fiscale et de dépense publique non optimales. Or, dans les pays africains de la zone du Franc CFA, la monnaie est réprimée presqu'en permanence depuis de nombreuses années même si elle l'est moins depuis 2013, la fiscalité demeure discutable et la gestion des dépenses publiques fait l'objet de laxisme ; Bhatia (1985) parle de dérives budgétaires et de déséquilibres macroéconomiques quand Cullier et Gunning (1996) relèvent des déficits budgétaires non soutenables. De plus, les mécanismes budgétaires communautaires restent embryonnaires et les politiques communautaires approximatives. D'où des difficultés économiques dans cette zone monétaire.

DEUXIÈME PARTIE

GOUVERNANCE EN AFRIQUE

LA THEORIE GENERALE DE LA GOUVERNANCE ECONOMIQUE

CHAPITRE PREMIER

LA POLITIQUE MONETAIRE REPRESSIVE DANS LES PAYS DE L'UEMOA : LE CAS DE LA CÔTE D'IVOIRE

La monnaie est, sans aucun doute, une des plus vieilles inventions de l'humanité. « De l'Egypte ancienne à nos jours, en passant par l'antiquité, le Moyen Age, la révolution industrielle du XVIIIe siècle et le capitalisme, la monnaie a joué un rôle central dans les sociétés humaines. Les Etats-Unis se sont imposés au monde grâce à la suprématie du dollar sur les autres monnaies, après la seconde guerre mondiale » (Tchundjang, 1980). Si la monnaie a pris diverses formes au cours de l'histoire de l'humanité, ses fonctions sont demeurées fondamentalement les mêmes : permettre les échanges en tant qu'étalon unique (donc unité de compte) et réserve de valeur.

Malgré son rôle prépondérant et l'usage dont l'humanité a fait tout au long de son histoire, la monnaie demeure difficilement cernable dans son essence. Pourtant, des esprits suffisamment perspicaces se sont exercés à la comprendre.

La monnaie, apparemment, est un phénomène simple. Est-ce parce qu'elle est simple que sa connaissance complète semble échapper aux hommes dont les plus grands spécialistes ? Est-il donc difficile de cogiter sur ce qui paraît simple ?

Toujours est-il que la monnaie demeure un concept difficile à cerner : les plus éminents économistes d'ailleurs, ne s'accordent pas toujours sur le concept quand les non-initiés le trouvent rébarbatif.

Or, ne pas pouvoir bien comprendre la monnaie engendre des difficultés d'en faire bon usage au niveau social. Cette utilisation au service de la collectivité que les économistes appellent « politique monétaire » est fondamentale dans la vie des sociétés humaines modernes, et ne pas la maîtriser est dangereux pour un pays d'autant plus que, selon Jacques Rueff, « le destin de l'homme se joue sur la monnaie ». Ainsi le manque de maîtrise de la monnaie a souvent entrainé des politiques monétaires inappropriées aux conséquences économiques et sociales désastreuses.

L'Afrique de la zone CFA, particulièrement l'UEMOA, a souffert de politiques monétaires inappropriés et non optimales : on a parfois appliqué une politique monétaire restrictive, en période de rareté monétaire parce que, justement entre autres, les concepts de monnaie et de liquidité monétaire (basée sur une formule erronée) étaient erronés ; on a aussi, dans le cadre de la BCEAO, pratiqué un taux d'intérêt directeur répressif quand c'est l'inverse qu'il aurait fallu faire ; on a également adopté ou proposé l'approche monétaire de la balance des paiements, théoriquement erronée, dans un contexte africain totalement inapproprié.

Or, la politique monétaire est un élément fondamental de la politique économique dans un pays. Elle permet de réguler la masse monétaire et la politique de change. A travers une telle régulation, elle détermine significativement la rentabilité de l'économie nationale et les secteurs de production des biens et services destinés aux échanges internationaux. En matière de politique monétaire, on distingue :

- l'action sur la liquidité à travers l'escompte, l'open-market et les réserves obligatoires ;

- l'encadrement du crédit ;

- l'action sur le taux de change par le contrôle du change et la dévaluation ou la revaluation ;

- l'orientation sélective des investissements.

Certains de ces instruments d'intervention sont répressifs ou peuvent l'être en cas de mauvaise utilisation. Or, la politique monétaire doit être menée de manière à ne pas pénaliser l'économie dans son ensemble. Malheureusement, la BCEAO, depuis toujours, pénalise les économies des pays de l'UEMOA à travers une politique monétaire répressive, soit par le rationnement ou l'encadrement du crédit, soit par la pratique d'un taux directeur élevé engendrant un taux d'intérêt débiteur haut qui réduit, à son tour, l'investissement et réprime donc l'économie.

Dans ce chapitre, nous abordons successivement l'impact négatif de la répression financière et le développement endogène. Ceci nous conduira à l'analyse des conséquences de la répression financière pratiquée par la BCEAO, la banque centrale, à travers un taux d'intérêt débiteur répressif sur l'économie ivoirienne que nous avons retenue comme cas d'étude ; une analyse comparative entre l'évolution du taux d'intérêt créditeur, du taux de croissance de l'économie et de la masse monétaire, nous permettra d'apprécier, de façon empirique, la pertinence des différentes théories. L'examen des différentes formes de politiques monétaires telles que les politiques monétaires discrétionnaire, automatique ou activiste, l'approche monétaire de la balance des paiements dont celle du FMI, la gouvernance monétaire et la règle de John Taylor, nous conduira à retenir cette dernière comme recommandation de politique monétaire optimale en Côte d'Ivoire et dans les pays africains de la zone du Franc CFA, et de la CEDEAO, plus tard, quand celle-ci parviendra à la monnaie commune.

I. REPRESSION FINANCIERE ET CROISSANCE ENDOGENE

King et Levine (1993), Beck, Levine (1993) ont établi une contribution significative du développement financier à la croissance économique d'un pays.

A partir du concept de croissance endogène, nous démontrons, d'une part, le rôle important du secteur financier dans la croissance économique, et d'autre part, l'impact négatif de la répression financière sur le développement endogène.

1.1. Le concept de croissance endogène

Dans le modèle utilisant la fonction de production Cobb-Douglas, la productivité marginale du capital est décroissante. Toutefois, au milieu des années 1980, les modèles de croissance endogène assurent que la productivité marginale du capital ne décroît pas pour une économie prise dans son ensemble. L'idée principale est qu'il existe des externalités développées par rapport à l'accumulation du capital de sorte que l'élasticité du revenu par rapport au capital excède sa part de produit intérieur brut (PIB) au prix du marché.

La fonction de production dans le modèle de développement endogène se présente comme suit :

$$Y = K^{\alpha} X^{\beta} \qquad (14)$$

où K représente le capital, X représente des facteurs de production tels que la terre ou le travail qui ont une offre par tête fixe, avec $\alpha \geq 1$. Le facteur K est une combinaison du capital physique et du savoir (connaissances technologiques, scientifiques, techniques).

Du fait de l'existence de la concurrence sur le marché, les entreprises, prises individuellement font face au principe de rendement décroissant à l'échelle et de la productivité marginale décroissante de leur capital. Toutefois, les externalités positives de production existantes dans l'économie qui émanent de la composante connaissance du capital ou du processus de formation (acquisition de savoir), et qui sont en fait des biens publics (ou collectifs), augmentent le rendement à l'échelle et accroissent la productivité marginale du capital, au niveau global. Dans ce cas, le modèle démontre que l'efficacité marginale de l'entreprise est une fonction du stock de capital total.

Par exemple, pour une entreprise utilisant x et k inputs combinés avec le stock global de connaissance, la fonction de production s'écrirait :

$$Y = k^{\mathcal{L}} \; k^{\nu} \; X^{\beta} \qquad (15)$$

avec

$$\nu + \beta \leq 1 \text{ et } \mathcal{L} + \nu = \alpha \geq 1$$

Dans ce modèle, une augmentation du taux d'investissement accroît le taux de croissance en permanence. Dans le modèle de développement endogène, la productivité marginale du capital n'est pas décroissante à cause de l'expertise acquise dans la pratique, du capital humain, des effets de la recherche-développement et des infrastructures publiques. Mieux, dans son modèle de développement endogène, Scott (1989 et 1990) suppose que l'élasticité du revenu par rapport au capital global est égale à un, ce qui, naturellement, implique à la fois un rendement croissant du capital et du travail. Lucas (1988) et Romer (1986, 1990) eux, ont introduit dans le modèle, un facteur de croissance spécifique, le facteur humain qui permet d'accroître la productivité totale des autres facteurs de production.

1.2. Le rôle du secteur financier dans la croissance économique

Les effets du développement du secteur financier dans un modèle de croissance endogène ont fait l'objet d'une abondante littérature dans la théorie économique récente. On pourrait citer des auteurs comme Lucas (1988), Romer (1986,1990), King et Levine (1993), Beck et Al (2000), Rioja et Valev (2004), Shen et Lee (2006).

1.2.1. Secteur financier et croissance économique

La particularité du secteur financier dans l'économie tient à l'asymétrie de l'information et à l'incertitude du futur dans les transactions financières. Toutefois, la solution Arrow-Debreu (1953, 1959) de sécurité permet au départ de prendre en compte l'aspect aléatoire des transactions financières. Il s'agit d'un ensemble de contrats d'assurance qui couvre toute forme et tout type d'aléa. Avec de tels contrats d'assurance, chaque agent emprunte ou prête un montant indéfini, au taux d'intérêt du marché. Et le taux d'intérêt assurerait, d'une part, une allocution optimale du revenu entre l'épargne et la consommation, et d'autre part, une allocation optimale des fonds à investir entre tous les éventuels projets d'investissement.

Dans ces conditions, les investisseurs emprunteraient jusqu'au point où le rendement marginal attendu de leur investissement serait égal au coût marginal d'emprunt de sorte que tous les investissements donneraient le même taux de rendement. Ceci implique donc que tous les projets à haut rendement seraient exploités ; on serait dans une situation d'allocation optimale au sens de Pareto, car, aucune réallocation des fonds à investir entre les projets présents et potentiels ne serait possible.

Néanmoins, la solution Arrow-Debreu n'est possible que dans un univers où l'information est gratuite et disponible et le coût de contrôle nul. Ceci est difficilement réalisable.

L'intermédiation financière peut permettre un rendement anticipé élevé dans la mesure où l'individu peut choisir entre les encaisses improductives et des investissements dans une entreprise. L'investissement peut prendre du temps, mais le taux de rendement, à l'avenir, sera plus élevé.

En absence du système bancaire, l'agent économique alloue son patrimoine entre capital et liquidité pour maximiser son utilité ; mais, son choix sera aussi affecté par le degré de son goût pour le risque.

D'autres économistes tels que Smith et Bencivenga (1991, 1992), Greenwood (1993) et Levine (1993) ont repris le modèle d'intermédiation financière de Diamond-Dybvig pour une plus grande extension avec la production et l'accumulation de capital. Ils partent du principe que les jeunes individus travaillent uniquement la première partie de leur vie pour un salaire réel w_t et consomment dans les périodes t + 2 et t + 3. Leur fonction d'utilité se présente sous la forme :

$$\mu\ (c_1, c_2, c_3, \varphi) = \frac{-\ (c_2 + \varphi\, c_3)^{-\epsilon}}{\epsilon} \qquad (16)$$

Avec $\epsilon > -1$ et $\varphi = 1$

Dans ces conditions, dans la période t+1, les jeunes agents économiques allouent le total de leurs revenus entre la liquidité (monnaie), le capital et les dépôts bancaires. Supposons qu'il existe deux types d'agents A et B et que les agents A vivent jusqu'au temps t+3 et ceux du type B vivent jusqu'au temps t+2 ; supposons que la probabilité que les individus découvrent qu'ils appartiennent au groupe est π. Les individus du type B maximiseront leur utilité en consommant toute leur richesse avant la fin de la période t+2. Les investisseurs de cette catégorie B ne peuvent faire fonctionner leurs entreprises qu'au cours de la période t+1, délaissant du coup, tout investissement en capital, pour la période t+2. Mais l'existence du système bancaire permet aux individus de faire des dépôts que les banques investissent alors en monnaie ou en capital.

Et les banques, naturellement, paient des intérêts r_1 et r_2 sur les dépôts bancaires correspondants aux deux périodes, tout en ayant un taux de réserve 1– q, pour maximiser l'utilité anticipée du déposant type. Si le rendement du capital excède le rendement de la monnaie (liquide), les jeunes individus détiennent toute leur richesse initiale sous forme de dépôts bancaires. Les individus de type B retirent tous leurs dépôts, au début de la période t+2, pour consommer toute leur épargne, au cours de leur dernier temps. Les agents de la catégorie A maintiennent leurs dépôts en banque, en vue d'une plus grande consommation au cours de la période t+3. La production à l'étape t+3 devient alors le point culminant d'un processus à deux étapes.

Dans ces conditions, chaque unité d'investissement au temps t produit R unités de capital au temps t+2. La fonction de production d'un entrepreneur détenant une partie de k_1 de capital au temps t serait :

$$Y_t = k_t^{-\lambda} \ k_t^{\theta} L_t^{1-\theta} \qquad (17)$$

où k_t est le stock de capital moyen détenu par entrepreneur et génère des externalités provoquant une croissance endogène. Par ailleurs, en utilisant le logarithme, (si l'on suppose que $\epsilon = 0$), l'équation (16) devient

$$M\ (c_1, c_2 c_3) = \log\ (c_2 + \varphi c_3) \qquad (18)$$

Et pour le système bancaire, le problème de maximisation peut être posé de façon suivante :

$$\text{Max}\ (1 - \pi)\ \text{Log} r_1 + \prod \text{Log} r_2 \qquad (19)$$

Sous contrainte $(1 - \prod)\ r_1 = 1 - q\ ;\ \prod r_2 = R_q$

Dans la mesure où les individus de la catégorie A reporteront leur consommation à la période t+3, l'utilité anticipée des jeunes déposants est simplement la somme du logarithme des consommations anticipées aux temps t+2 et t+3. Les contraintes de ressources montrent que les banques peuvent payer aux individus de la catégorie B qui souhaiteraient retirer leurs dépôts, après une année, un montant égal à leurs détentions de réserves en monnaie.

Il est à noter que la liquidation prématurée du capital n'est pas de mise parce qu'elle n'accroît pas les ressources disponibles destinées à être distribuées aux déposants de la catégorie B. Les fonds qui ne servent pas de réserves sont investis dans le capital, produisant un rendement R. La solution au problème de maximisation est $q = \Pi$, ce qui implique $r_1 = 1$ et $r_2 = R$; autrement dit, les déposants de la catégorie B récupèrent leurs dépôts pendant que ceux de la catégorie A bénéficient d'un rendement R sur l'investissement en capital de la banque. Les agents des deux catégories A et B ne peuvent, en définitive, gagner mieux qu'en faisant des dépôts bancaires.

Grâce à la loi du grand nombre, les banques s'assurent qu'il n'y aura pas de liquidation prématurée du capital. Elles peuvent garantir les rendements r_1 et r_2 parce qu'elles peuvent savoir quels retraits seraient faits aux temps t+1 et t+2. Les banques permettent d'éviter donc l'incertitude qui conduit à la mauvaise allocation des ressources de la part des individus. En assurant que le capital n'est jamais gaspillé, l'intermédiation financière crée un ratio capital-travail plus élevé et un taux de croissance économique plus élevé.

Si € est très élevé, cela implique une aversion au risque plus grande et suppose que les individus détiendront une plus grande partie de leur richesse sous forme de monnaie (liquide) plutôt que sous forme de dépôts bancaires ; la conséquence, c'est que la croissance est moins importante en absence d'intermédiation financière.

Greenwood et Smith (1993) ont montré que l'existence de marché boursier accroît le taux de croissance économique en comparaison avec la situation sans intermédiation financière. Ceci, simplement parce que le marché boursier permet d'éviter la liquidation prématurée du capital en permettant aux individus de vendre les entreprises qu'ils ne seraient pas en mesure de gérer au temps t +3. Toutefois, en comparant le marché boursier et le système bancaire, le taux de croissance relatif dépend, encore une fois, du degré d'aversion au risque.

King et Levine (1993) eux, ont montré que les institutions financières jouent un rôle fondamental dans l'évolution des perspectives d'investissement des entrepreneurs et dans le financement des investissements les plus rentables. Ils estiment qu'un meilleur système financier améliore la probabilité de l'innovation réussie, et par la même occasion, accélère la croissance économique.

A la suite de Joseph Schumpeter (1912), king et Levine (1993) ont donc insisté également sur le rôle fondamental que jouent les institutions financières dans l'évaluation, la gestion et le financement des activités des entrepreneurs qui créent la richesse, donc la croissance économique.

À l'aide d'une courbe en cloche, Shen et Lee (2006) démontrent qu'il existe un seuil au-delà duquel l'influence du développement du secteur bancaire et financier sur la croissance économique est négative.

Beck et Al (2000), au contraire, mettent en évidence la corrélation positive et significative entre le développement financier et les différents indicateurs de mesure de la croissance économique que sont le taux de croissance, le taux d'accumulation du capital et la productivité globale des facteurs. À cet égard, Rioja et Valev (2004) revèlent que « le développement financier affecte la croissance économique dans les pays à faible revenu, par le biais de l'accumulation du capital tandis que dans les pays à revenu élevé le canal de transmission est la productivité du capital ».

1.2.2. Développement financier et croissance endogène

Dans son modèle de croissance endogène, Levine (1993) assume que plus de ressources affectées à l'entreprise dans le processus de production à deux étapes accroissent le capital humain de chaque travailleur, indépendamment des ressources d'investissement de cet individu. Ceci suppose que l'accumulation de capital humain de chaque agent dépend :

- de l'interaction avec les autres travailleurs à l'intérieur de l'entreprise ;

- du montant de ressources que l'individu investit ;

- du montant moyen de ressources investies et maintenues dans l'entreprise pour les deux périodes de temps.

L'existence d'externalités implique que la liquidation d'un investissement par un individu, membre d'une entreprise après une période de temps, réduit le taux d'accumulation du capital humain, et donc ralentit le taux de progrès technologique ; par conséquent, le taux de croissance économique baisse. L'existence d'externalités implique également que le montant des ressources investies dans les entreprises en situation de concurrence n'est pas optimal. Si les individus peuvent identifier les externalités et mobiliser des ressources, les banques d'investissement trouveraient une telle activité très profitable. Par l'encouragement à l'investissement dans les entreprises, ces institutions accélèrent le taux de croissance économique.

Comme nous l'avons vu, la caractéristique principale du modèle de croissance endogène est que l'économie, dans son ensemble, ne souffre pas du phénomène de rendement décroissant. La croissance économique est donc une fonction positive du taux d'investissement.

En se référant à la fonction de production qui prend en compte le stock de capital moyen par entrepreneur qui élimine le rendement décroissant, on a, pour l'ensemble de l'économie, la fonction de production suivante :

$$Y = Ak \qquad (20)$$

où Y est le revenu par tête, k, le capital par tête, et A, le taux de technologie.

A partir de cette fonction de production, on déduit la formule du taux de croissance ci-après :

$$g = s\,A - \sigma \qquad (21)$$

Dans cette formule, s est le taux d'épargne, et σ, le taux de dépréciation du capital. Dans cette équation, une augmentation du taux épargne – investissement accroît le taux de croissance économique.

Même si l'on prend en compte le coût du développement financier, représenté par l'écart entre le rendement des épargnants et le coût des investisseurs, et pose qu'une fraction de l'épargne (1 - μ) disparaît le long du processus (Pagano, 1993), l'équation (21) précédente s'écrit alors :

$$g = s\,\mu\,A - \sigma \qquad (22)$$

Donc le développement du secteur financier affecte positivement la croissance économique à travers A, s et μ, car, il réduit l'écart entre le rendement de l'épargne et le coût des investisseurs.

L'analyse des courbes de Ramsey (1982), côté préférence avec la courbe ascendante, et de Romer (1990), côté production avec une courbe descendante, permet de prendre en compte le coût de l'intermédiation financière. En effet, King et Levine (1985) ont montré l'ambiguïté de la relation entre le taux d'intérêt réel r et le taux de croissance g du côté de la production tandis que Romer (1990) l'a trouvé négative (cf. graphiques no 3 et 4).

Sur le graphique n°3, le taux d'intérêt d'équilibre augmente tandis que le taux de croissance d'équilibre diminue. Le coût de l'intermédiation financière est donné par la courbe de Romer en pointillé. Ce coût indique une différence entre le rendement des épargnants r_d et le coût des investisseurs r_ℓ. Les ménages épargnent seulement sous la forme de dépôts bancaires et les entreprises empruntent auprès des banques pour acquérir de l'innovation ou financer des investissements. Sur ce graphique n°3, le coût de l'intermédiation financière réduit le taux de croissance de g à g_u. Cette situation fait dire à Pagano (1993) que la meilleure façon d'accélérer le taux de croissance économique, c'est de réduire la différence entre r_ℓ et r_d, c'est-à-dire la différence entre le taux d'intérêt débiteur et le taux d'intérêt créditeur.

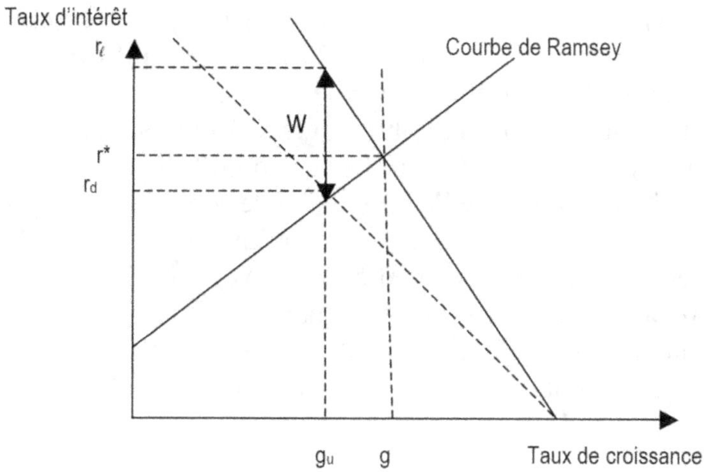

Graphique n°3

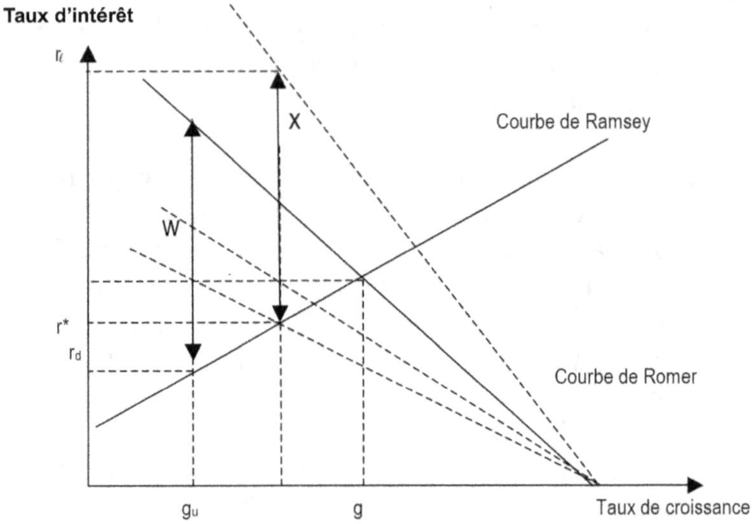

Graphique n°4

D'autres économistes pensent que le coût de l'intermédiation financière ne peut constituer un poids (fardeau) pour l'économie. En effet, Angel de la Fuente et José Maria Marin (1993) ont démontré qu'un meilleur contrôle accroît la probabilité, pour les banques, d'obtenir des informations correctes. Et le coût de contrôle augmente jusqu'au point où le bénéfice marginal obtenu grâce à la meilleure information est égal au coût marginal de contrôle additionnel. Le graphique n°4 montre l'effet du coût de contrôle additionnel sur la courbe de Romer et indique qu'une plus grande différence de coût d'intermédiation (X > W) accroît le taux de croissance, car la courbe de Romer devient de plus en plus droite (verticale) à travers des contrôles additionnels. Toutefois, le montant optimal du coût de contrôle dépend des prix relatifs des facteurs de production.

En conclusion, on peut dire que le système bancaire joue un rôle fondamental dans le développement de l'économie.

Les banques permettent de réduire la détention d'encaisse liquide et d'éviter la liquidation prématurée du capital productif ; l'existence de l'externalité dans la production permet un taux de croissance d'équilibre plus élevé.

1.2.3. Répression financière et croissance endogène

Dans le modèle King-Levine que nous avons vu, la taxation du secteur financier réduit le taux d'intérêt réel pour n'importe quel taux de croissance du côté de la production. Un plus grand coût d'évaluation et de financement des entreprises réduit le taux de croissance comme l'indique la courbe de Romer, en devenant de plus en plus plate (déplacement vers la gauche).

Levine (1993) affirme que les banques d'investissement permettent le processus de recherche, de production et de mobilisation de ressources, pour tirer profit de toutes les opportunités de production rentables. Il va même plus loin pour dire qu'il y a un seuil de revenu par tête qui permet l'émergence du secteur financier. En effet, selon lui, si le revenu par tête est suffisamment élevé, les agents économiques choisissent d'acheter les services qui incluent les entreprises de recherche, assurant l'existence de projets rentables et mobilisant les ressources pour exploiter pleinement les opportunités d'investissements.

La répression financière, sous forme de taxation de l'intermédiation financière (qui équivaut à une taxation de l'activité novatrice) ou sous forme de plafonnement des taux d'intérêt créditeurs, réduit le taux de croissance économique.

On peut dire, d'une part, que le système bancaire, en permettant de réduire la détention de la monnaie et d'éviter la liquidation prématurée du capital productif, joue un rôle fondamental dans le développement économique, et d'autre part, que le plafonnement du taux d'intérêt créditeur provoque une réduction du taux de croissance dans une économie.

Les pays africains de la zone franc CFA font parfois face à un impact négatif du plafonnement du taux d'intérêt créditeur, heureusement pas très significatif. Collier Gunning (1999) et Block (2001) ont montré que si le développement financier agit positivement et significativement sur la croissance économique, son impact demeure plus ou moins faible, ou, tout au plus, opère différemment en Afrique.

A la suite de Hayek (1960) et Laporta (1998), Djeto Assane et Bernard Malamud (2004) ont, à partir de tests économétriques, confirmé les causes historiques (héritage et régime juridique coloniaux) du faible impact du développement financier sur la croissance économique en Afrique francophone : l'imposition, à l'époque coloniale par la France, d'un système économique direct, bureaucratique, fortement centralisé et orienté vers la construction d'un empire d'extraction vers la métropole, laissait peu de place pour les motivations économiques telles que voulues par le système britannique basé sur des politiques coloniales pragmatiques, décentralisées et flexibles, tournées vers la transformation des colonies en partenaires commerciaux économiquement viables, produisant des matières premières et consommant les produits manufacturés britanniques. Cette faiblesse structurelle d'économies extraverties qui demeure après les indépendances africaines peut être corrigée, grâce à une réorientation du système bancaire et financier et à la conduite d'une politique monétaire optimale.

II. LA REPRESSION MONETAIRE DANS L'UEMOA : CAS DE LA CÔTE D'IVOIRE

Le modèle de Mckinnon - Shaw a démontré le rôle essentiel du secteur financier dans le processus de développement économique d'un pays. Le système bancaire, à travers le financement (par la création monétaire) de l'activité économique, stimule le taux de croissance économique. Dans l'économie de la Côte d'Ivoire et des pays de l'UEMOA, comme nous le verrons, la monnaie a été réprimée, pendant de nombreuses années, – et continue de l'être car, de 2,5 % entre 2013 et 2015, le taux directeur est relevé à 3,75 % en 2016 – à cause de l'usage par la BCEAO d'un taux d'escompte élevé qui a amené les banques commerciales à pratiquer un taux d'intérêt débiteur répressif. Les conséquences logiques de cette répression monétaire ont été la raréfaction de la monnaie dans l'économie à une période donnée (les années 1990), le faible taux de croissance (1988-1994) et le chômage élévé.

Dans le modèle monétaire Keynésien et celui de Mckinnon et Shaw et leurs disciples, l'instrument de répression monétaire et financière ou de développement financier, c'est le taux d'intérêt créditeur. Dans la politique monétaire restrictive de l'UEMOA, l'instrument de répression a été le taux d'intérêt débiteur. Ici, nous tenterons d'abord d'analyser dans l'économie ivoirienne, l'évolution du taux de croissance économique et celle du taux d'intérêt débiteur pour savoir l'impact exercé par la répression monétaire sur le développement économique ; puis, l'examen comparatif des évolutions du taux d'intérêt créditeur, de la masse monétaire et du taux de croissance économique, nous permettra d'apprécier les différentes théories ; après, nous constaterons la neutralité du taux d'intérêt créditeur et relèverons les insuffisances des politiques monétaires discrétionnaire et automatique, de l'approche monétaire de la balance des paiements et de la gouvernance monétaire ; dans le cadre de la BCEAO, et par extension, des pays africains de la zone du franc CFA, nous recommanderons, enfin le taux d'intérêt de John Taylor comme instrument de politique monétaire optimale.

2.1. Taux d'intérêt débiteur et croissance économique en Côte d'Ivoire

Le tableau n°2 montre l'évolution du taux d'escompte, du taux d'intérêt débiteur pratiqué par les banques commerciales et du taux de croissance de l'économie ivoirienne de 1965 à 1996. De l'analyse de ce tableau, il ressort des observations suivantes :

- sur la période 1965-1985, le taux d'escompte de la banque centrale et le taux d'intérêt débiteur ont été raisonnables : 3, 5 % entre 1965 et 1973 et 8 % entre 1973 et 1980 pour le taux d'escompte, et 3 % et 6 % pour le taux d'intérêt débiteur. Sur la même période et dans les mêmes intervalles, le taux de croissance économique a été, en moyenne, de 9, 1 % et 5, 7 % ;

- sur la période 1988-1993, le taux d'escompte et le taux d'intérêt débiteur ont considérablement augmenté, passant respectivement de 9, 5 % à 12, 33 % et de 13, 58 % à 16,75 % ; Dans le même intervalle, le taux de croissance économique est devenu négatif.

- par contre, entre 1993 et 1996, le taux d'escompte et le taux d'intérêt débiteur ont baissé, passant respectivement de 10,5% à 6,6% et de 12,65%à 9,56 %. Le taux de croissance de l'économie lui, est redevenu positif, passant de -1,1% à +6,8%, avec un point culminant de 7,1% en 1995.

On constate que sur l'ensemble de la période 1965 -1996, le taux de croissance a été positif lorsque le taux d'escompte et le taux d'intérêt débiteur ont été raisonnables. Par contre, le taux de croissance économique s'est détérioré quand l'investissement a été pénalisé par des taux d'escompte et d'intérêt débiteur élevés, réduisant le crédit disponible. D'ailleurs, la régression économétrique (cf. annexe) indique, dans l'économie ivoirienne, une forte corrélation de la croissance économique avec le taux d'intérêt débiteur (-0,87) et le taux d'escompte (-0,89). On tire la conclusion que lorsque la monnaie a été réprimée par la pratique d'un taux d'intérêt débiteur élevé, la croissance économique s'est ralentie. Quand la monnaie n'a pas été réprimée (taux d'intérêt débiteur raisonnable), la croissance économique s'est accélérée.

Tableau 2 : **taux de croissance, taux d'escompte et taux d'intérêt débiteur dans l'économie ivoirienne (en %).**

+ Années	1965-73	1973-80	1988	1989	1990	1991	1992	1993	1994	1995	1996
Taux de croissance	9,1	5,7	-1,8	-1,3	-0,2	-0,8	0	-1,1	+1,3	+7,1	+6,8
Taux d'escompt e	3,5	8	9,5	11	11	11	12,5	12,33	10,5	7,5	6,5
Taux d'intérêt débiteur	3	6	13,58	15,08	16	16	16,75	12,5	12,65	9,56	9,56

Source : FMI : International Financial Statistics (Yearbook) 1995, P.3

2.2. Taux d'intérêt créditeur, masse monétaire et croissance en Côte d'Ivoire

L'observation du tableau n°3 relatif à l'évolution de la masse monétaire, du taux d'intérêt créditeur et du taux de croissance de l'économie ivoirienne révèle des faits suivants :

- entre 1988 et 1992, la masse monétaire s'est considérablement rétrécie, passant de 944 milliard de francs CFA à 836,4 milliards de franc CFA. Sur la même période, la croissance économique a été négative, passant de – 1,8% à -0,8% en 1991, pour réaliser un taux nul en 1992 ; pendant ce temps, le taux d'intérêt créditeur augmentait régulièrement, passant de 5,25% à 7,7% en 1993 ;

- entre 1993 et 1996, la masse monétaire s'est accrue, passant de 925 milliards de francs CFA en 1993 à 1453,1 milliard de francs CFA en 1996. Le taux de croissance économique, sur la même période, est devenu positif, passant de -1,1% en 1993 à 6,8% en 1996.

Quand la masse monétaire a diminué, le taux de croissance de l'économie a baissé considérablement au point de devenir négatif. Par contre, lorsque la masse monétaire s'est accrue, le taux de croissance économique a repris, pour atteindre un niveau élevé.

Une autre remarque que l'on peut faire, à partir de ce tableau, sur la période de 1988 à 1996, concerne l'évolution du taux d'intérêt créditeur. En effet, ce taux a d'abord progressé régulièrement, passant de 5,25% en 1988 à 6,42% en 1989, à 7% en 1990 et 1991, à 7,75% en 1992, à 8,5% en 1993, puis a baissé à 6,25% en 1994, à 4,75% en 1995, et à 3,75% en 1996. Cette évolution appelle trois interprétations très importantes :

- le taux d'intérêt créditeur n'a pas été plafonné de 1988 à 1996 ;

- dans l'intervalle 1988-1993, alors que le taux d'intérêt créditeur progressait, la masse monétaire elle, baissait. Ce qui est en contradiction avec la logique de la théorie keynésienne de la répression financière ;

- à partir de 1994, le taux d'intérêt créditeur a baissé à 6,25%, puis, à 4,5% en 1995 et, enfin, à 3,75% en 1996. Pendant ce temps, la masse monétaire n'a pas baissé, elle a plutôt augmenté ; ceci contredit également la théorie keynésienne.

De ces interprétations, on déduit que l'évolution du taux d'intérêt créditeur n'a pas affecté l'évolution de la masse monétaire, comme le laissait présager la théorie keynésienne.

Tableau 3 : **masse monétaire, taux d'intérêt créditeur et taux de croissance dans l'économie ivoirienne.**

Années	1988	1989	1990	1991	1992	1993	1994	1995	1996
Taux d'intérêt créditeur en %	5,25	6,42	7	7	7,75	8,5	6,25	4,5	3,75
Taux de croissance économique en %	-1,8	-1,3	0,2	0,8	0	-1,1	+1,3	7,1	6,8
Masse monétaire en milliards FCA	944	867,7	845,4	846,4	836,4	925	1206,6	1426,1	1453,1

Source : Banque Mondiale : Global trends in development 1990-1997

L'examen global des deux tableaux n°2 et 3 montre que l'évolution de la masse monétaire n'a pas été affectée par le taux d'intérêt créditeur, dans l'économie ivoirienne. Cela implique que les effets de la répression financière au sens keynésien n'ont pas eu lieu. La même conclusion s'applique aussi à la théorie de McKinnon et Shaw et leurs disciples, car, en période de pratique de taux créditeur bas, la masse monétaire a augmenté, contrairement à leur théorie. On en conclut à l'inélasticité de la masse monétaire et du taux de croissance économique par rapport au taux d'intérêt créditeur dans l'économie ivoirienne. On pourrait, peut-être, expliquer cette inélasticité par le fait que la variation du taux d'intérêt créditeur se situait dans la trappe à liquidité keynésienne.

Dans cette économie ivoirienne, le seul instrument qui a agi, à la fois, sur la masse monétaire et le taux de croissance économique, c'est le taux d'intérêt débiteur. Seule la modification du taux d'intérêt débiteur a véritablement eu un impact sur la masse monétaire et le taux de croissance économique. L'instrument de répression, c'était non pas le taux d'intérêt créditeur, comme le présumaient les théories keynésiennes et celles de McKinnon et Shaw et leurs disciples, mais, bien le taux d'intérêt débiteur. Cette conclusion met en exergue le rôle primordial, dans l'économie, de la monnaie et du taux d'intérêt débiteur, et confirme ce dernier comme seul véritable moyen d'agir sur la croissance économique dans les pays en développement, dans la mesure où la masse monétaire et le taux de croissance économique semblent inélastiques aux taux d'intérêt créditeur.

A travers les constatations empiriques que nous venons de faire dans l'économie ivoirienne, c'est tout le problème de la neutralité du taux d'intérêt créditeur et du choix d'un taux d'intérêt débiteur optimal qui est posé.

2.3. La neutralité du taux d'intérêt créditeur

Le débat sur l'effet du taux d'intérêt sur l'épargne est un vieux débat qui n'a toujours pas trouvé une réponse définitive. Keynes, lui-même (1936) avait fixé, dans sa trappe à liquidité, un seuil de taux d'intérêt en dessous duquel les agents économiques ne réagissent plus. Modigliani (1986) explique qu'aucune vision claire ne permet de dire que le taux d'épargne dépend largement du taux d'intérêt créditeur, quand Mancur Olson et Martin Baily (1981) assurent que l'épargne est sensible au taux d'intérêt créditeur. Michael Boskin (1978) et fry (1978, 1981, 1984,1991) ont trouvé une corrélation entre les taux d'épargne et les taux d'intérêt créditeurs dans l'économie américaine et celle des pays asiatiques. Rudiger Dornbusch et Alejandro Reynosso (1989) soutiennent, à partir de tests économétriques, qu'il n'y a aucun effet discernable net du taux d'intérêt créditeur sur l'épargne aux Etats-Unis et dans les pays industrialisés. De ces études, il ressort, de façon générale, que si quelque effet existe, il est relativement peu significatif. Pour l'économie ivoirienne, la régression économétrique (cf annexe) donne une corrélation négative du taux d'intérêt créditeur avec la croissance (-0,72) et la monnaie (-0,82), quand elle est positive pour la croissance économique et la monnaie (0,92). Mais, au-delà de tout ce débat, le problème qui se pose en Afrique, c'est non seulement le problème du rôle de l'épargne dans le développement, mais surtout son niveau adéquat.

Dans le cas d'un éventuel effet du taux d'intérêt créditeur sur l'épargne, il serait difficile de mener une politique de variation du taux d'intérêt créditeur pour accroître l'épargne, en vue d'une croissance économique accrue, dans la mesure où l'épargne n'est pas suffisante dans les pays africains. En zone CFA, la même logique s'applique. Seul le taux d'intérêt débiteur dont l'impact est significatif, peut être considéré comme un facteur important, pour agir sur la croissance économique. Il faut donc éviter la pratique de taux d'intérêt débiteur qui réprime la monnaie (donc la croissance économique), sert la logique bureaucratique et favorise les pressions politiques ou environnementales, pour adopter un taux qui permet la réalisation de l'optimalité. A cet égard, la règle de John Taylor serait l'instrument approprié. Mais, il faut pouvoir en déterminer le niveau optimal qui prend en compte les variations des différents agrégats de l'économie.

Chapitre Deuxième

L'EQUATION DE LA BONNE GOUVERNANCE ECONOMIQUE

Dans le chapitre précédent, nous avons expliqué que seul le taux d'intérêt débiteur a eu un véritable impact sur la croissance économique en Côte d'Ivoire. Pour les pays de l'UEMOA, il faut donc déterminer son niveau optimal, c'est-à-dire un niveau qui, parce qu'il ne réprime pas la monnaie, contribue à la réalisation d'une croissance économique optimale et continue.

I. LE TAUX D'INTERET DEBITEUR OPTIMAL DANS LES PAYS DE L'UEMOA

Déterminer un tel taux d'intérêt débiteur revient à poser le problème de la bonne gouvernance de la part des autorités monétaires. Ce problème de gouvernance monétaire dans la conduite de la politique monétaire par la BCEAO, a été analysé par T. N'guessan (1996) qui a révélé que « les politiques monétaires n'ont pas, jusqu'ici, visé l'intérêt général, mais l'intérêt des groupes de pressions et les motivations propres des autorités monétaires ». Pour pallier les insuffisances, il propose un système incitatif de contrôle de la politique monétaire de la BCEAO et une réforme qui confère, à cette banque centrale, une indépendance vis-à-vis des pouvoirs politiques et autres groupes de pression.

Mais, que ce soit par les politiques monétaires traditionnelles basées sur l'approche monétaire de la balance des paiements ou par la gouvernance monétaire, on est loin de réaliser l'optimalité, parce que, non seulement certains agrégats économiques ne sont pas pris en compte, mais ces théorie sont erronées. La règle de John Taylor, plus consistante, qui tient compte de ces agrégats économiques, pourrait permettre d'atteindre cette optimalité.

1.1. Le concept de gouvernance monétaire

Les auteurs de la théorie économique du comportement bureaucratique, Downs (1957, 1965), Buchanan et Tullock (1962) ont expliqué que la non réalisation des objectifs assignés aux bureaucrates provient de leur comportement qui privilégie leurs intérêts propres, au lieu de l'intérêt général. Le comportement bureaucratique aboutit donc à la mauvaise gouvernance. Le concept de gouvernance « traduit la manière dont le pouvoir est exercé, dans la gestion des ressources économiques et sociales, à des fins de développement d'un pays (...). La bonne gouvernance traduit donc la situation dans laquelle on s'appuie sur les principes de transparence, de participation et de responsabilisation pour viser uniquement les objectifs d'intérêt général » (T. N'guessan, 1996).

Hyden et Bratton (1992) se sont indignés de la mauvaise gouvernance qui obstrue toute gestion optimale des affaires publiques et toute mise en place d'institutions durables et fiables dans les pays en développement. Le FMI et la Banque Mondiale (1993) dénoncent aussi la mauvaise gouvernance dans les pays en développement.

T. N'guessan (1996), non seulement se fait l'écho de ces dénonciations de mauvaise gouvernance, mais propose la mise en œuvre d'une politique monétaire prenant en compte la bonne gouvernance dans les pays africains de la zone

CFA. Selon lui, « toutes les analyses menées, jusqu'ici, ont été conduites comme si les politiques monétaires étaient fondées sur une bonne gouvernance ».

Dans sa proposition d'une meilleure gouvernance de la part de la BCEAO, T. N'guesssan (1996), en plus d'une direction collégiale, indépendante des pouvoirs politiques, pour déterminer la politique monétaire des pays membres, prend en compte, la préservation de la valeur du franc CFA et le maintien d'un montant suffisant d'avoirs extérieurs en devises convertibles. A cet égard, il pose la formule :

$$\pi = \alpha (M/P) + (1- \alpha) AE \qquad (23)$$

M = la masse monétaire

P = le niveau général des prix

AE = les avoirs extérieurs

Un collège de politique monétaire déterminera, par la suite, le niveau adéquat de π à atteindre. Si ce niveau n'est pas atteint ou est dépassé, les autorités monétaires seront sanctionnées. S'il est atteint, elles bénéficieront de prime d'incitation. Débarrassées des pressions politiques ou environnementales, les autorités monétaires, selon T. N'guessan (1996), détermineraient une politique monétaire dans l'intérêt du pays.

Si, cette proposition prend en compte le souci de bonne gouvernance, elle n'intègre pas toutes les variables déterminantes qui y concourent, et pose malgré tout, un certain nombre de problèmes :

- la formule $\pi = \alpha(M/P) + (1- \alpha) AE$, c'est-à-dire l'équation (23), additionne monnaie (M/P) et épargne (AE), car les Avoirs Extérieurs sont bien de l'épargne. Or, l'épargne n'est pas de la monnaie ; elle est une composante du revenu Y (Y = C + S).

- la subjectivité de la nature humaine qui fait que, face à la prise de décision, l'individu peut être tenté de privilégier son propre intérêt ou des positions partisanes ; c'est le phénomène du comportement bureaucratique des agents que l'on ne saurait occulter ;

- sur le plan théorique, une certaine contradiction avec la théorie de la rationalité de l'agent économique qui doit maximiser son utilité, ce qui implique que sa motivation principale, c'est la recherche et la maximisation de son propre intérêt ;

- L'illégitimité du transfert de la prise de décision en matière de politique monétaire (très importante pour les conditions socio-économiques et politiques dans un pays) du pouvoir politique, responsable devant le peuple, aux autorités monétaires qui ne le sont pas, du moins directement ;

- elle ne prend pas en compte les mouvements de tous les agrégats et indicateurs de l'économie nationale, notamment le revenu Y, le taux de croissance économique g et les dépenses publiques (G) ;

- elle n'indique pas non plus la méthode de détermination du niveau optimal de π.

S'inspirant du monétarisme international, particulièrement de l'approche monétaire de la balance des paiements, cette proposition s'expose également aux autres critiques (cf. paragraphes suivants) formulées à l'encontre de ce courant de pensée.

En fait, il s'agit ici, d'une plaidoirie de plus, en faveur de l'indépendance de la banque centrale. Or, la relation entre l'indépendance de la banque centrale et les résultats macroéconomiques ont fait l'objet de nombreuses et sérieuses études qui ont démontré une corrélation soit négative, soit positive.

Cukierman (1992) et Eijffinger et Haan (1996), Cukierman, Webb et Neyapti (1992) ont prouvé, dans des études économétriques, que les taux d'inflation dans les pays de l'OCDE, sur les périodes 1980-1993, sont négativement corrélés à l'indépendance des banques centrales : à plus d'indépendance est associé un taux d'inflation plus bas.

Par contre, des auteurs comme Alesina et Summers (1993), Cukierman, Kalaitsidakis, Sunner et Webb (1993), Eijffinger et Schaling (1993) et Pollard (1993) n'ont trouvé aucune corrélation entre l'indépendance de la banque centrale et les fluctuations réelles de l'économie. Posen (1993, 1995) a démontré que l'inflation et le degré de dépendance de la banque centrale sont étroitement déterminés par le poids de l'autorité politique opposée à l'inflation.

Cargill (1995) s'est également interrogé sur la causalité entre indépendance de la banque centrale et performance économique, par exemple, au Japon où coexistent taux d'inflation bas et dépendance de la banque centrale par rapport au pouvoir exécutif.

Comme on le voit, l'indépendance de la banque centrale n'est pas une panachée en matière de politique économique. Néanmoins, l'effet de l'indépendance de la banque centrale sur l'inflation peut dépendre du sens donné au mot indépendance et du bénéfice qu'il confère. Si l'indépendance permet d'augmenter la réputation de la banque centrale de sorte à réduire le biais inflationniste, alors, cette réduction fera varier la relation entre le taux d'inflation moyen et le revenu, dans la mesure où l'inflation fera baisser, d'une part, le taux d'inflation moyen et le revenu, et d'autre part, le degré de conservatisme puisque le coût de stabilisation devient relativement plus important.

1.2. L'approche monétaire de la balance des paiements

H. Johnson (1965,1969) et R. Mundell (1971) ont construit les premiers modèles du monétarisme international ou approche monétaire de la balance des paiements auxquels il faut ajouter celui du FMI qui, sous la conduite de J. Polak (1997), a été mis en pratique.

Au contraire de la théorie néo-keynésienne qui présente la balance des paiements comme retraçant l'équilibre entre l'offre et la demande de biens et services, l'approche monétaire de la balance des paiements la reconnait comme le compte à partir duquel se réalise l'équilibre sur le marché de la monnaie. Alors que les néo-keynésiens l'établissent dans le secteur réel en ne prenant en compte que la balance courante, l'approche monétariste comptabilise tous les flux dont ceux des capitaux.

A partir du principe monétariste de la création monétaire qui fait que les contreparties de la masse monétaire sont tantôt d'origine externe (réserves de change), tantôt d'origine interne (créances sur le trésor et crédits à l'économie), l'optique monétariste montre qu'un surplus d'offre de monnaie provoque un déficit extérieur dans la mesure où les résidents transforment leurs encaisses excédentaires en créance sur l'étranger.

A l'inverse, une entrée de capitaux (par la création d'un excédent extérieur), comble l'insuffisance de création monétaire interne. Comme on le voit, les équilibres internes et externes sont dépendants dans l'optique monétariste.

Avec l'hypothèse d'une parfaite substituabilité entre les différents actifs (monétaires, financiers et réels) nationaux et étrangers, la flexibilité des prix permet un retour à l'équilibre. Par exemple, si l'accroissement de l'offre de monnaie excède le désir d'encaisses des résidents, ces derniers vont chercher à se procurer des actifs tant au niveau national qu'étranger. Ceci provoque une augmentation de la production (en cas de sous-emploi), une hausse de prix et un creusement du déficit extérieur. Mais, la hausse des prix, couplée avec la réduction de la masse monétaire consécutive au déficit extérieur, fait baisser le niveau des encaisses et favorise un retour à la situation initiale. Ainsi le rétablissement de l'équilibre monétaire a été réalisé, en partie, grâce au déficit extérieur.

Mais, dans la pratique, la logique de ce raisonnement monétariste peut ne pas être respectée. En effet, si l'on se trouve dans une économie de moyenne ou de petite dimension en période de plein-emploi, les prix, le taux d'intérêt et le revenu sont rigides. Dans ce cas, les agents économiques résidents n'ont, pour seule possibilité de se débarrasser de leurs encaisses supplémentaires que celle de se porter demandeurs sur les marchés étrangers ; par conséquent, seule la réduction du stock nominal de monnaie, suite au déficit extérieur, opère le rééquilibrage sur le marché de la monnaie. Ainsi l'ajustement se fait par la variation de la quantité de monnaie (ΔM) et non par la variation des prix (ΔP) ; et le degré d'efficacité d'un tel instrument de politique monétaire dans l'UEMOA (une juxtaposition hétérogène de petites économies) qui n'est ni un pays dominant ni même un pays de moyenne puissance, serait sujet à caution.

D'autres critiques ont été formulées contre l'approche monétaire de la balance des paiements. Antoine Cachin (1976) a dénoncé la vision classique des phénomènes économiques dans laquelle s'est insérée cette approche, par la remise en cause des hypothèses de perspective longue, de plein-emploi des facteurs de production et de la stabilité des marchés.

On pourrait, également relever que, contrairement à ce que préconisent les monétaristes, les ajustements ne se réalisent pas de façon instantanée, car les capitaux ne sont pas totalement mobiles et la flexibilité des taux de change ne se vérifie pas indéfiniment, dans la réalité. Dans le cas des pays africains de la zone CFA, le régime de change fixe entre le franc CFA et l'euro (hérité du défunt franc français) et les accords de coopération monétaire avec la France (maintenus après l'avènement de l'euro) qui font obligation aux pays de l'UEMOA de détenir 65 % de leur savoirs extérieurs en euro (autrefois en Franc français), réduisent considérablement les mécanismes d'ajustements.

De même, les monétaristes ne prennent en compte les mouvements de capitaux que comme éléments de régulation du marché monétaire alors qu'il existe bien d'autres types de capitaux, particulièrement, les capitaux spéculatifs. Ils considèrent également, mais à tort, les réserves extérieures soit comme de la monnaie, soit comme contrepartie de la création monétaire, alors qu'en réalité, les réserves extérieures sont de l'épargne, donc des revenus, et le revenu ne peut, en aucun cas, être considéré comme de la monnaie ou la contrepartie de la création monétaire.

L'ensemble des pays de l'UEMOA (une juxtaposition de petites économies) étant de petite dimension (au sens économique du terme) où les prix sont rigides, même si l'on fait l'hypothèse du retour de l'équilibre monétaire par l'ajustement de la quantité de monnaie nominale, dans ce cas, le marché de la monnaie ne fixe plus le montant du solde extérieur, mais le cours du change. Ce qui suppose donc que la politique monétaire serait vouée à l'équilibre externe, et son influence sur le plan interne serait discutable.

Si une bonne gouvernance monétaire permet un financement optimal de l'économie d'un pays, elle ne peut, à elle seule, assurer une bonne gestion au niveau macroéconomique si elle n'est pas combinée avec des politiques fiscales et de dépenses publiques tout aussi optimales. La pression fiscale optimale et l'exécution optimale des dépenses publiques sont également des facteurs déterminants et doivent être combinées avec l'usage optimal de la monnaie dans le cadre d'une politique de bonne gouvernance économique.

1.3. Le modèle du FMI : les limites d'une théorie fragile

Le modèle de l'approche monétaire de la balance des paiements du FMI, construit dans les années 1950, continue d'être utilisé par cette institution dans la mesure où ses accords stand-by et autres supports financiers sont toujours élaborés autour de cibles monétaires.

Selon Jacques Polak (1997), le modèle FMI a été conçu pour « étudier, à la fois, les effets sur la formation de capital et sur la balance des paiements des deux plus importantes variables exogènes dans les économies de la grande majorité des pays, dans les premières années de l'après-guerre : les variables autonomes dans les exportations et la création du crédit bancaire interne ou en termes monétaristes, les additions autonomes externes et internes à l'offre de monnaie d'un pays ». Ce modèle se présente comme suit :

$$\Delta MO = k\,\Delta Y \qquad (24)$$

ΔMO = variation de l'offre de monnaie du pays

ΔY = variation du revenu

$$k = 1/v = MO / Y \qquad (25)$$

L'équation (24) implique que la variation de l'offre de monnaie (ΔMO), dans un pays, est proportionnelle à la variation de son revenu (ΔY) par un facteur k qui est l'inverse de la vitesse de circulation de la monnaie.

L'auteur pose, par ailleurs que :

$$M = mY \qquad (26)$$

L'équation (26) signifie que la demande d'importation (M) est une fonction du revenu (Y) du pays et m est la propension marginale à importer du pays.

L'auteur pose, également, comme équation :

$$\Delta MO = \Delta R + \Delta D \qquad (27)$$

L'équation (27) signifie que la variation dans l'offre de monnaie (ΔMO) est, par définition, égale à la variation des réserves extérieures (Δ R) plus la variation du crédit bancaire interne (ΔD), d'où

$$\Delta R = X - M + K \qquad (28)$$

La variation des réserves extérieures (ΔR), comme l'indique l'équation (28) est, par définition, égale aux exportations (X) moins les importations (M) plus les flux de capital du secteur non bancaire (K).

Mais l'équation (27) pose problème, car, elle indique que les réserves extérieures sont une composante de la masse monétaire. Or, les réserves sont de l'épargne et non de la monnaie. A cet égard, Tchundjang (1980) explique que « la contrepartie des réserves extérieures nettes de la banque centrale, c'est la contrepartie des réserves nettes, c'est tout. Ce n'est pas de la monnaie, elle ne sert pas à faire des paiements à l'intérieur (...) ; pareillement, la contrepartie des crédits à terme, les dépôts à terme, ce n'est pas de la monnaie ; par conséquent, ni la contrepartie des réserves ni les dépôts à terme, n'entrent dans la composition de la masse monétaire ». De plus, le crédit bancaire, c'est la contrepartie de la monnaie, ce n'est pas de la monnaie.

Polak (1997) explique l'élaboration du modèle du FMI par le contexte de l'époque caractérisé par le régime de change fixe et la forte tendance à la hausse de la demande mondiale car, « à cette époque (les années 1950), les problèmes de balance des paiements qui amenaient les pays à rechercher l'assistance du FMI, étaient essentiellement dus à une montée excessive de l'expansion interne qui pouvait être résolue par l'introduction de contraintes financières ».

Mais, Polak reconnaît que « des éléments nouveaux tels que le prix, la libéralisation du commerce, la dérégulation du marché du travail, la privatisation, ne sont pas saisis dans le modèle économétrique originel, même si progressivement, le FMI a introduit, dans ses programmes, une double prescription monétaire », à travers, précise-t-il, « un plafonnement sur l'expansion des avoirs internes de la banque centrale, pour atteindre un résultat satisfaisant de la balance des paiements, et un plancher, pour les réserves extérieures de la banque centrale, pour obtenir un niveau satisfaisant de réserves extérieures, et s'assurer que la banque centrale n'utilise pas des interventions pour contrer les pressions du marché, pour un taux de change davantage déprécié ». Mais, Polak estime que « si mettre une limite à la création du crédit permet d'assurer un niveau minimum de la balance des paiements, cela ne peut protéger contre les déviations inflationnistes ».

Polak (1997) pense que la limitation de la création monétaire interne (de crédit) et le niveau-cible des réserves extérieures sont possibles, mais l'éviction d'une augmentation excessive de l'offre de monnaie pose problème dans les pays en développement : « Car, l'effet normal d'une stabilisation réussie, après une période de forte inflation, c'est une augmentation de la demande de monnaie ; un flux de monnaie externe pour répondre à cette demande et l'effet overshooting correspondant des réserves-cibles externes sont entièrement désirables, et frustrer cette demande par l'usage d'un taux de change flottant ou mettre un plafond à l'offre de monnaie (le cas d'un taux de change fixe) réprimerait inutilement l'économie », comme ce fut le cas au Brésil, en 1994 ; « Mettre un plafonnement à la base monétaire implique que la banque centrale aurait à s'engager dans les ventes, en open-market, des titres de l'Etat à des taux d'intérêt élevés, qui seraient extrêmement coûteuses. De plus, la hausse des taux d'intérêt internes pourrait attirer plus de monnaie de l'étranger, provoquant ainsi, un cercle vicieux » (Polak, 1997). Et il souligne que, pour la plupart des pays en développement, le modèle originel du FMI est devenu difficilement applicable, car, « dans ces pays, le concept de l'offre de monnaie interne n'a aucun sens, le financement par l'Etat, en particulier, les besoins d'emprunts domestiques de l'Etat, devient le seul moyen d'influencer le niveau de la demande. Le FMI doit en tenir compte en traitant avec les pays africains de la zone CFA ». Plus qu'une remarque, c'est un aveu d'échec, de la part de cet ancien responsable du FMI. Après plus de trois décennies de Programmes d'Ajustements Structurels imposés en Afrique par les institutions de Bretton Woods, les résultats demeurent mitigés : aucun pays au Sud du Sahara n'a réalisé de véritable progrès sur le chemin du développement économique ; les bons élèves du FMI, autant que les mauvais et récalcitrants, sont toujours sous-développés.

Ainsi le modèle du FMI connaît, lui aussi, des limites dans son application, dans les pays en développement, parce qu'il est conceptuellement erroné et ne prend pas en compte tous les paramètres appropriés dans l'économie et les principes de rationalité économique, surtout en ce qui concerne les conditions pour une dévaluation de la monnaie. Préconiser la dévaluation comme élément essentiel des Programmes d'Ajustements Structurels en Afrique est donc une erreur du point de vue de la rationalité économique.

Dans les pays africains de la zone CFA, la dévaluation de 1994 a effectivement donné des résultats mitigés. A l'augmentation (doublement) mécanique de la dette extérieure de ces pays et aux défaillances des mécanismes du monétarisme international, s'ajoutent, à l'examen des données statistiques du FMI, les conditions discutables (balances commerciales excédentaires de certains pays, franc CFA non surévalué dans tous les pays-membres, absence de vérification du théorème des élasticités critiques ou condition de Marshall-Lerner, forte proportion de la production agricole dans le PIB des pays de la zone, forte importation des produits finis et semi-finis dans les pays de la zone) dans lesquelles cette dévaluation s'était faite.

En effet, la théorie économique préconise trois conditions pour l'application d'une politique de dévaluation efficace :

- existence de déficit de la balance commerciale du ou des pays dont on dévalue la monnaie ;

- surévaluation de la monnaie du ou des pays concernés ;

- vérification du théorème des élasticités critiques ou condition de Marshall-Lerner, c'est-à-dire $|e_x|+|e_m| \geq 1$, e_x et e_m étant respectivement les élasticités des demandes d'exportation et d'importation.

Or, à la dévaluation de 1994, les 15 pays de la zone CFA n'avaient pas tous un déficit commercial (cf. document BCEAO). De façon générale, le franc CFA n'était pas surévalué puisque l'indice du taux de change effectif réel n'était pas supérieur à 100 dans la plupart des pays africains membres de la zone (cf. document du FMI) ; seul le franc français de l'époque était surévalué. En ce qui concerne le théorème des élasticités critiques, les experts français et du FMI, les hommes politiques français et africains qui ont préconisé, suggéré et décidé la dévaluation du franc CFA, en janvier 1994, n'ont jamais indiqué qu'il était vérifié, avant et après leur décision de dévaluer. Or, l'inexistence d'une seule des conditions suffit pour ne pas dévaluer. On en conclut donc que la dévaluation du franc CFA en 1994 répondait à des raisons autres que la rationalité économique. Le problème avec le FMI, adepte et praticien de la théorie de l'approche monétaire de la balance des paiements, réside en partie, dans ses propres contradictions. En effet, cette théorie (dont le FMI a fait sienne) enseigne, entre autres, que si, pour un pays, la demande d'exportation est inélastique (ce qui est possible à court terme),la dévaluation réduit les revenus d'exportation davantage (donc limite les effets de la dévaluation) tant que l'offre interne est élastique. Cette possibilité constitue donc un argument supplémentaire qui milite contre la dévaluation dans les pays exportateurs de produits primaires, même en situation de déficit de la balance commerciale. Or, les pays africains de la zone CFA sont tous des pays exportateurs de matières premières, et quand le FMI y prône la dévaluation, dans le cadre de ses Programmes d'Ajustements Structurels, il dit, à la fois, une chose et son contraire, et est en contraction avec sa propre théorie. De plus, l'approche monétaire de la balance des paiements explique, entre autres, que la dévaluation ne peut avoir qu'un effet transitoire sur la balance des paiements. Alors, pourquoi le FMI peut-il recommander, avec force, une politique économique (la dévaluation) dont il sait d'avance que les effets sur les économies des pays africains seront limités et transitoires ?

Après la dévaluation du franc CFA en janvier 1994, la BCEAO s'évertua à appliquer une politique économique tout aussi mauvaise que celle-ci, en relevant de façon inopportune et inappropriée, son taux d'escompte de 10,5 % à 14, 5 %, « dans le soucis d'empêcher une inflation galopante qui se profilait à l'horizon », disait-on. Du coup, les banques commerciales avaient répercuté ce relèvement sur leur taux d'intérêt débiteur qui s'était élevé autour de 20% (cf. bulletin d'information de la BCEAO de décembre 1995). L'investissement se trouvait durement réprimé. La conséquence, c'était la lente reprise économique, par exemple en Côte d'Ivoire, de 1,7% malgré l'impulsion dans le secteur des exportations.

Mais, en quoi la dévaluation allait-elle provoquer une inflation ? Le raisonnement de la BCEAO procédait d'une confusion entre inflation et hausse des prix. Bien sûr, au lendemain de la dévaluation du franc CFA, il y avait eu une hausse généralisée de prix dans presque tous les secteurs de l'économie dans les pays membres de la zone CFA. Mais, cette hausse de prix n'était qu'une hausse psychologique par anticipation, traduisant la réaction des agents économiques face à un phénomène inconnu dont ils redoutaient les effets sans pouvoir les cerner. Une telle réaction était normale, car les agents économiques anticipaient le fait que la dévaluation de 50% du franc CFA allait faire doubler, au moins, les prix en CFA de tous les produits importés. Et comme les économies de ces pays étaient - et demeurent- largement tributaires des produits manufacturés importés, il était évident - et même logique- qu'il y eût une hausse générale de prix. Toutefois, ce qui était irréfutable, c'est que la BCEAO et la BEAC n'avaient pas augmenté, d'un centime, la masse monétaire. Par conséquent, les agents économiques ne disposant pas d'encaisses excédentaires, la demande globale n'augmentait pas, et les prix reviendraient progressivement à un niveau d'équilibre. D'où venait alors l'idée d'une menace inflationniste qui poussa les autorités monétaires à restreindre l'offre de monnaie ? L'inflation, faut-il le répéter, est un phénomène purement monétaire caractérisé par l'existence d'un volume de masse monétaire plus qu'il ne faut dans une économie et dont la conséquence est la hausse des prix.

Un système de change flottant du franc CFA par rapport à l'Euro, comme le préconisent certains économistes, ne règlerait pas non plus les problèmes de ces pays. Les expériences malheureuses du « Serpent (institué en 1972) et du « Tunnel » monétaires européens, avant l'avènement de l'Euro, n'incitent guère à aller vers un tel système (même avec une fourchette de variation) qui ne vaudrait d'ailleurs que par rapport au seul euro auquel le franc CFA est lié par une parité fixe. Or, environ 65% des transactions internationales se font en dollars. Globalement, le franc CFA se trouve, dans la pratique, dans un régime de change flottant (vis-à-vis de toutes les autres monnaies, sauf l'euro).

1.4. Le lancinant problème du compte d'opérations

Certains économistes, opposés à la zone du franc CFA, ont vite fait de décrier le compte d'opérations, à l'origine selon eux, de bon nombre de problèmes monétaires et financiers dans les pays africains membres cette zone, en les privant, disent-ils, « d'une manne financière considérable ». L'inconvénient majeur de ce compte, pour les africains, selon ses détracteurs, réside dans son fonctionnement parce qu'il :

- enregistre, au Trésor français et pour le compte de la Banque centrale française, les réserves extérieures des pays africains membres de la zone CFA, avec un taux de rémunération nettement inférieur au taux du marché ;

- prive ces pays d'une épargne considérable ;

- et permet à la France d'engranger d'importants revenus quand les balances des paiements de ces pays africains sont excédentaires sur une certaine période.

Mais, ces détracteurs ne se posent de question ni sur l'engagement de la France à régler les créanciers extérieurs en cas de déficits significatifs des balances de paiements de ces pays ni sur la convertibilité du franc CFA garantie par le trésor français et du fait de son arrimage à l'Euro, une devise convertible. Et que disent-ils du gain considérable engrangé dans les pays de la zone CFA, en termes de coût d'opportunité (paiements de commissions, variations de parité de change) ou de gain procuré grâce à la stabilité des prix relatifs entre l'Union Européenne et ces pays du fait de la fixité de parité entre l'Euro et le franc CFA ? A la vérité, si le fonctionnement de ce compte présente effectivement des inconvénients, il est évident qu'il résulte d'accords de coopération monétaire entre la France d'abord, puis l'Union Européenne et des pays africains. Or, dans les relations internationales, un pays ne signe un accord de coopération que si ses intérêts sont pris en compte.

Par ailleurs, si les pays africains bénéficient de taux d'intérêt concessionnels sur certains financements des bailleurs de fonds dont la France, il n'y a pas de raison pour eux, de demander à la France de rémunérer leurs réserves extérieures aux taux du marché. C'est une question de logique et de principe de réciprocité dans les relations internationales. De plus, l'accord de coopération monétaire peut faire l'objet de renégociations de sorte à prendre en compte d'autres intérêts des pays africains. Il ne faut pas perdre de vue que la France à travers l'Agence Française de Développement (AFD) et l'Union Européenne financent beaucoup de projets de développement en Afrique au sud du Sahara. Entre partenaires économiques, il y a parfois des traitements de dossiers qui font exception à la règle générale. D'ailleurs, l'existence du compte d'opérations n'empêche nullement ces pays de mener une politique monétaire qui pourrait même être optimale. Par exemple, l'UEMOA ayant constaté une forte surliquidité dans les banques commerciales de ses membres, a créé un marché monétaire en son sein qui permet aux pays membres d'emprunter à un taux raisonnable et d'utiliser cette masse de surliquidité qui, autrement, serait demeurée indéfiniment oisive.

En relations internationales, tout est négociable, à condition de prendre en compte les intérêts réciproques des parties. La coopération monétaire avec la France ayant permis aux pays africains de la zone CFA de mettre ensemble, depuis des décennies, leurs réserves extérieures, ils pourraient négocier et opter pour une gestion en pool de ces réserves extérieures, par eux-mêmes et pour eux-mêmes, comme les européens l'ont fait avec les plans Barre en 1969 et 1970, en attendant l'hypothétique monnaie commune de la CEDEAO. Toutefois, il ne faut pas perdre de vue que l'un des facteurs qui retardent la création de la monnaie commune de la CEDEAO est, justement, la future gestion commune des réserves extérieures qui rencontre une forte réticence des pays membres qui sont exportateurs de pétrole.

1.5. Détermination du taux d'intérêt débiteur optimal dans les pays de l'UEMOA

Le vieux débat sur la nature de la politique monétaire a pris de l'ampleur, au cours des récentes décennies.

Pour Barro et Gordon (1983), la politique monétaire, pour être efficace, doit être crédible, et une politique monétaire fondée sur les règles de conduite, est plus crédible qu'une politique monétaire discrétionnaire. Cette affirmation prend le contre-pied de la position de la plupart des économistes (sauf les adeptes de l'école de Chicago) qui affirment la supériorité de la politique discrétionnaire sur les règles de politique monétaire. Une politique monétaire est dite discrétionnaire quand « les autorités déterminent, à chaque période, les objectifs optimaux sans être liés par le passé ou par une règle fixe » (Stanley Fisher, 1990).

Kydland et Prescott (1977) ont été les premiers à remettre en cause la supériorité de la politique monétaire discrétionnaire, à partir du concept d'incohérence temporelle (time inconsistency) : « Il y a incohérence temporelle lorsqu'une décision de politique future qui était optimale du point de vue d'un plan proposé à une date initiale, se révèle, par la suite, sous-optimale sans qu'aucune information supplémentaire ait été apportée, dans l'intervalle. Et l'incohérence temporelle de la politique monétaire discrétionnaire provient du fait qu'en situation d'anticipations rationnelles, il existe une interdépendance entre l'attitude des autorités monétaires et les anticipations des agents économiques, de sorte qu'à court terme, le Gouvernement a intérêt à ne pas respecter la politique qu'il a annoncée, et à surprendre les agents économiques, pour atteindre un niveau d'activité plus élevé ». Mais, une telle attitude lui fait perdre sa crédibilité et sa politique n'aura pas l'efficacité recherchée.

La politique monétaire crédible est donc basée sur les actions ayant un caractère optimal au début de l'horizon temporel demeurant optimal au cours des périodes suivantes. Quand le caractère optimal se maintient sur tout l'horizon d'anticipation, la politique monétaire est dite alors cohérente.

La politique monétaire discrétionnaire, par son incohérence temporelle, provoque un biais inflationniste, contrairement à la politique basée sur une règle qui l'élimine. Et dans le souci d'éviter le recours à la politique monétaire discrétionnaire par les autorités, des économistes dont Milton Friedman se sont efforcés d'établir des règles opérationnelles de politique monétaire. Aussi, Friedman (1968) a-t-il recommandé la règle automatique (ou non activiste) indépendante de l'état de l'économie ; et selon Friedman (1968), la banque centrale devait viser un taux de croissance constant de la masse monétaire.

S'opposant à la vision de Friedman, des auteurs dont Mc Callum (1993) ont réfuté la règle automatique et proposé des règles non automatiques, mais activistes de politique monétaire. Selon ces règles activistes, l'orientation de la politique monétaire doit être modifiée en fonction des évènements qui affectent l'économie. La règle de John Taylor s'inscrit dans la recherche de règle de politique monétaire activiste et des conditions de son insertion dans le processus de la politique monétaire de la banque centrale. Dans la recherche d'un taux d'intérêt optimal pour les pays africains de la zone CFA, cette règle de John Taylor sera proposée ici.

1.5.1. Le taux d'intérêt de John Taylor

Dans le cadre du débat sur la politique monétaire, John Taylor (1993) a proposé, pour l'économie américaine, ce qu'il est convenu d'appeler désormais la règle de Taylor. C'est une formulation simple qui relie le taux d'intérêt à court terme, contrôlé par la banque centrale, au taux d'inflation et à l'output - gap (l'écart de production). Cette règle, pour les Etats-Unis, se présente comme suit :

$$r = 2\% + P + 0,5Y + 0,5\,(P - 2\%) \qquad (29)$$

r désigne le taux d'intérêt des fonds fédéraux

P désigne le taux d'inflation de la dernière année

Y est l'écart entre le PIB effectif et le PIB tendanciel.

Dans cette formulation, 2% représente la valeur-cible de l'inflation. Ainsi quand le taux d'inflation est égal à sa valeur-cible (ici 2%) et que le PIB atteint sa valeur tendancielle, le taux d'intérêt réel (appelé aussi neutre de 2%) équivaut au taux de croissance tendanciel de l'économie (qui était de 2,2% pour l'économie américaine sur la période 1984-1992, à laquelle s'applique l'étude de John Taylor). Et John Taylor (1993) a abouti à la conclusion que sa règle reproduit, assez fidèlement, l'évolution du taux d'intérêt des fonds fédéraux, c'est-à-dire qu'elle est proche de la réaction des autorités monétaires américaines. La règle de John Taylor va être aménagée par Goldman Sachs (1996) qui y intègre les anticipations d'inflation de sorte qu'elle se présente, désormais, sous la forme suivante :

$$r = r_{neutre} + P_{anticipé} + 0,5\,Y + 0,5\,(P_{anticipé} - P_{cible}) \qquad (30)$$

$P_{anticipé}$ = inflation anticipée

P_{cible} = la cible d'inflation choisie par la banque centrale

Evidemment, si les coefficients de pondération d'écart d'inflation et de l'output-gap restent les mêmes (à 0,5) que dans la formule originelle, la cible d'inflation peut varier d'un pays à l'autre ou d'une banque centrale à l'autre. La règle de John Taylor permet, en réalité, de faire une comparaison entre le taux d'intérêt optionnel qu'elle représente et le taux d'intérêt réel à court terme.

Malgré son usage de plus en plus courant par les économistes de marché et des chercheurs, cette règle de John Taylor présente des limites : d'abord, l'auteur n'a pu véritablement expliquer le choix des coefficients de pondération d'écart de production et d'inflation fixés à 0,5 ; ensuite, le taux d'inflation anticipé peut être différent selon que l'on utilise un modèle économétrique pour le déterminer ou qu'on le tire de données statistiques ou que l'on le calcule à partir du prix courant. Toutefois, la règle de John Taylor est un bon outil pour juger de l'adéquation de la politique monétaire par rapport aux données économiques dans un pays.

1.5.2. Taux d'intérêt débiteur optimal de l'UEMOA

Déterminer un taux d'intérêt débiteur optimal pour une économie revient à déterminer un taux d'intérêt qui prenne en compte l'évolution des différents agrégats et indicateurs économiques pour permettre d'atteindre, au mieux, les objectifs d'intérêt général. Il faut donc pouvoir déterminer, pour les pays africains de la zone CFA, un tel taux. Dans cette optique, la règle de John Taylor pourrait être l'élément de politique monétaire appropriée. Le fonctionnement et la structure actuels de l'UEMOA permettent une marge de manœuvre nécessaire pour l'ensemble des pays de l'Union. En effet, la politique économique de l'UEMOA est déterminée par le Conseil des Ministres de l'économie et des finances des pays membres (cf. article 20 du traité de l'UEMOA de 1994). Le Pacte de convergence, de stabilité, de croissance et de solidarité « définit (…) des procédures d'adoption ainsi que des modalités précises et d'évaluation de programmes pluriannuels de convergence, de stabilité, de croissance et de solidarité de même qu'un mécanisme de sanction ». Pour la détermination d'un taux d'intérêt débiteur optimal dans l'UEMOA, nous faisons trois hypothèses :

- **hypothèse 1** : les pays de l'UEMOA mènent une politique monétaire commune ;

- **hypothèse 2** : le taux d'intérêt visé par la banque centrale est égal au taux d'intérêt débiteur optimal ;

- **hypothèse 3** : le mode de calcul et les agrégats et indicateurs économiques qui rentrent en ligne de compte, dans la détermination de la règle de John Taylor, sont mis à la disposition du public et soumis à un contrôle externe à la banque centrale.

A partir de ces trois hypothèses, la règle de John Taylor pourrait permettre de réaliser la production optimale, dans la transparence nécessaire, tout en empêchant « le comportement bureaucratique des autorités monétaires et les pressions politiques ou environnementales ». En effet, cette règle qui prend en compte les niveaux de production et d'inflation, non seulement permet de déterminer un niveau de production dans l'économie, mais, également d'identifier le taux d'intérêt débiteur compatible avec les capacités productives de l'économie. Ainsi ce taux devient la référence, à la fois pour la banque centrale et pour les banques commerciales dont le taux d'intérêt débiteur, tout en étant rentable pour elles, ne devrait pas réprimer la monnaie, donc l'activité économique ; d'où l'hypothèse 2.

L'hypothèse 3 introduit la transparence nécessaire ; le niveau de taux d'intérêt-cible de John Taylor serait vérifié par un organisme d'experts spécialisés dans le calcul des agrégats économiques, indépendamment de la banque centrale. Mais, pour plus de transparence et d'objectivité, la politique monétaire basée sur la règle de John Taylor ferait l'objet, chaque année, d'audit réalisé par un groupe d'experts composé d'économètres, de statisticiens et de spécialistes d'économie monétaire, à la demande des Etat-membres. Et le gouverneur de la banque centrale devrait être comptable des résultats de la politique monétaire menée. La conduite d'une telle politique monétaire résoudrait, à la fois, les problèmes de subjectivité et d'indépendance des autorités monétaires et pallierait les défaillances de la théorie de l'approche monétaire de la balance des paiements, particulièrement l'impossibilité de la variation du taux de change dans un régime de change fixe du franc CFA par rapport à l'euro.

La Règle de John Taylor pour l'UEMOA se présenterait sous la forme suivante :

$$R_u = g_u + P_{anticié} + 0{,}5\ Y_u + 0{,}5\ (P_{anticipé} - P_{cible})$$

où le taux de croissance-cible (g_u), le prix (P) et le revenu (Y_u) seraient ceux de l'UEMOA, prise comme une seule et unique économie. Mais, l'UEMOA est un ensemble d'économies de niveau différents, avec des agrégats monétaires distincts et des instruments de politique monétaire différenciés (Konan Koffi Siméon, 2009), et une telle hypothèse serait irréaliste et peu fiable malgré l'existence du pacte de convergence, de stabilité, de croissance et de solidarité.

Pour tenir compte des disparités économiques, de la politique monétaire différenciée et des niveaux de développement très différents, il est préférable de pondérer les différents agrégats et indicateurs économiques par le poids de chaque pays représenté par son PIB par rapport à l'ensemble du PIB global de l'UEMOA. Dans ce cas, on aurait la formule suivante :

$$R_t = \sum n_{i g_i} + \sum n_i P_i + 0{,}5 \sum\ n_i Y_i + 0{,}5 \sum n_i\ (P_i - P_{icible}) \qquad (31)$$

dans laquelle g_i, P_i et Y_i représentent les agrégats et indicateurs économiques et n_i, le coefficient de pondération du pays i, membre de l'UEMOA. Le coefficient de pondération pourrait aussi être la masse monétaire de chaque pays par rapport à la masse monétaire globale de l'Union. La même formule est applicable aux pays de la Communauté Economique et Monétaire de l'Afrique Centrale (CEMAC) et pourrait être appliquée, plus tard, aux pays de la CEDEAO quand celle-ci adoptera une monnaie commune.

L'analyse de l'évolution des taux d'intérêt créditeur et débiteur par comparaison à celle du taux de croissance économique et de la masse monétaire dans l'économie ivoirienne a confirmé, d'une part, la neutralité du taux d'intérêt créditeur, et d'autre part, l'impact négatif du taux d'intérêt débiteur répressif sur la croissance économique. Le rôle primordial de la monnaie dans la croissance économique nous a amené à poser la problématique de la Politique monétaire, précisément des politiques monétaires discrétionnaire et automatique et de l'inefficacité et des limites de l'approche monétaire de la balance des paiements et de la gouvernance monétaire qui constituent autant de raisons pour proposer la règle de John Taylor comme instrument de politique monétaire dans les pays de l'UEMOA, et par extension, dans ceux de la CEMAC, donc, dans les deux unions de la zone du franc CFA. On pourrait, alors évoquer la possibilité d'une politique monétaire commune basée sur la règle de John Taylor, pour l'ensemble de la zone CFA, comme un seul espace économique. Mais, dans tous ces cas de figure, une telle politique monétaire, pour être optimale, donc efficace, nécessiterait, en plus des critères plus rationnels de convergence budgétaire, l'usage d'un seul et unique franc CFA.

En attendant, chaque union monétaire conduirait sa propre politique monétaire commune basée sur la règle de John Taylor. Néanmoins, l'optimalité monétaire ne peut à elle seule, assurer la bonne gouvernance économique. Elle doit être combinée avec une politique fiscale optimale et l'exécution optimale des dépenses publiques qui sont des facteurs tout aussi déterminants de la bonne gouvernance économique, comme nous le verrons plus loin.

II. LA POLITIQUE BUDGÉTAIRE OPTIMALE

Dans l'UEMOA, il n'existe aucun organisme ou mécanisme communautaire qui permet une politique budgétaire optimale commune. On s'est contenté de déterminer « des indicateurs de convergence » en vue de l'harmonisation des politiques économiques au sein de l'espace économique. Il n'y a ni véritable coordination ni unicité de politique budgétaire communautaire. Or, ces indicateurs de convergence ne permettent pas de réaliser l'optimalité budgétaire, puisqu'ils répriment l'économie quand ils ne sont pas conceptuellement erronés.

2.1. La politique de convergence de l'UEMOA

Dans le processus d'intégration, les pays de l'UEMOA ont cru nécessaire de se doter en 1999, à travers un pacte de convergence, d'indicateurs de convergence (.........) répartis en deux groupes d'indicateurs dits de premier et de second rang. Mais les échéances pour la réalisation de ces indicateurs fixées à décembre 2002, ont malheureusement été repoussées maintes fois, aux mois de décembre 2005, 2008 et 2013, et semblent ne pas être encore réalisées en 2016. Entretemps, en janvier 2015, l'UEMOA a adopté de nouveaux critères de convergence (en remplacement des anciens) avec 2019 comme horizon de réalisation (cf. tableau n°5). Là encore, plusieurs pays membres ne s'y conforment pas comme l'indique le tableau n°5. De plus, parmi ces critères de convergence, il y en a de répressif pour l'économie quand ils ne sont pas basés sur des concepts erronés. Le tableau n°4 ci-après, en donne une idée précise.

Tableau n° 4 : indicateurs de convergence de l'UEMOA

Indicateur de 1er rang	Niveau requis	Indicateur de 2nd rang	Niveau requis
Solde budgétaire de base / PIB	≥ 0%	Masse salariale / recettes fiscales	≤ 35%
Endettement / PIB	≤ 70%	Invest. financés sur ressources propres / recettes fiscales	≥ 20
Taux d'inflation annuel moyen	≤ 3%	Recettes fiscales / PIB	≤ 17%
Arriérés de paiement internes ou externes	= 0	Solde des parements courants hors dons / PIB	≥ 5%

Source : UEMOA

Parmi ces différents taux, le ratio solde budgétaire de base / PIB est effectivement un concept économique erroné.

Tableau n° 5 : Conformité aux nouveaux critères de convergence (nombre de pays ne les respectant pas)

Données	2011	2012	2013	2014	2015	2016	2017	2018	2019
Critères de convergence de premier rang									
Solde budgétaire / PIB ≤ 3%	5	2	3	4	6	6	5	4	2
Inflation moyenne des prix à la consommation ≤ 3%	5	3	0	1	0	0	0	0	0
Dette totale / PIB ≤ 70 %	0	0	0	0	0	0	0	0	0
Critères de deuxième rang									
Traitements et salaires/ recettes fiscales ≤ 35%	5	6	5	5	5	5	5	5	4
Recettes fiscales / PIB ≥ 20%	8	8	8	8	8	8	8	7	7

Sources : UEMOA, BCEAO, FMI

2.2. Les effets répressifs de certains critères de convergence de l'UEMOA

Les indicateurs de convergence à effets répressifs sont : le taux d'endettement, le taux d'inflation, la pression fiscale optimale et le taux plafonné de la masse salariale.

2.2.1. La capacité d'endettement

La capacité d'endettement (endettement/PIB) fixée à 70% dans les pays de l'UEMOA est arbitraire. En matière d'endettement, ce qui est en jeu, ce n'est pas tant le taux d'endettement, mais la capacité de remboursement du pays (cf. Paragraphe 2.3.2.2. plus loin) qui ne se traduit pas nécessairement par un certain niveau d'endettement fixe et varie en fonction de l'évolution de l'économie.

2.2.2. Taux d'inflation

Sous prétexte de contenir l'inflation en dessous de 3%, la BCEAO réprime, depuis de nombreuses décennies, les économies de l'UEMOA par la pratique de l'encadrement du crédit (cf. partie 1, chapitre 2, paragraphe 2.1.) et d'un taux directeur élevé qui amène les banques commerciales à appliquer un taux d'intérêt débiteur prohibitif, atteignant parfois 20% en 1995, qui réduit l'investissement et pénalise l'économie (cf. démonstration antérieure). Faut-il le répéter, tant que la création monétaire finance des activités économiques réelles, il n'y a aucune raison de la limiter puisqu'elle ne provoque pas d'inflation. En la limitant, on maintient l'économie en dessous de ces capacités de production, donc en état de sous-emploi des facteurs de production. Or, les pays africains doivent utiliser pleinement leurs capacités de production pour pouvoir réaliser une croissance maximale et continue, et sortir de leur état de sous-développé.

Par référence, sans doute, à la Courbe de Phillips, la BCEAO choisit de maintenir un taux d'inflation bas en échange de taux de chômage élevé. En Afrique, on choisit la précarité et la paupérisation par rapport à un éventuel et supposé niveau d'inflation élevé qui n'existe que dans l'esprit de décideurs qui ne comprennent pas bien ou font semblant de ne pas bien comprendre les mécanismes monétaires.

Pourtant, les faits sont là : les performances de l'économie des États-Unis d'Amérique (cf. tableau n°6) au voisinage du plein-emploi, au cours des vingt six dernières années (à l'exception de la période de crise 2009-2012), avec un taux directeur (Federal fund rate) bas de la banque centrale (FED), variant entre 0,09 % et 6,4 % et un taux de croissance économique annuel au-dessus de 2 % (sauf en 2008 et 2009 pour cause de crise de subprime) atteignant un niveau exceptionnel de 6,66 % en 1992, montrent bien que le « tradeoff » entre taux d'inflation et taux de chômage

Tableau n° 6 : indicateurs économiques dans l'économie des USA de 1987-2016 (en %)

Années	1991	1992	1993	1994	1995	1996	1997	1998	1999	2000	2001	2002
Taux de croissance	4,25	6,66	5	6,31	4,32	6,25	6,05	6,11	6,44	5,5	2,19	3,76
Taux d'inflation	5,65	2,60	3,26	2,52	2,80	2,73	3,04	1,57	1,67	2,74	3,73	1,14
Taux de chômage	6,4	7,30	7,30	6,60	5,60	5,60	5,30	4,6	4,3	4	4,20	5,7
Taux directeur du FED	4,43	3,09	3,02	5,45	5,6	5,29	5,5	5,07	5,30	6,4	3,07	1,24

Années	2003	2004	2005	2006	2007	2008	2009	2010	2011	2012	2013	2014	2015	2016
Taux de croissance	6,42	6,31	6,52	5,12	4,4	-0,92	0,11	4,56	3,64	3,24	4,31	4,07	3	2,81
Taux d'inflation	2,6	1,93	2,97	3,99	2,08	4,28	0,03	2,63	1,63	2,93	1,59	1,58	-0,09	1,64
Taux chômage	5,8	5,70	5,30	4,70	4,60	5	7,8	9,3	8,5	8,3	6,7	5,6	5	4,6
Taux directeur du FED	1	2,25	4,25	5	4,5	0,25	0,12	0,18	0,1	0,16	0,09	0,12	0,25	0,50

Sources : FED and US bureau of labor statistics

donne des résultats contrastés, différents de ceux préconisés par la Course de Philips ; la pratique d'un taux d'intérêt débiteur bas n'engendre pas forcément un taux de chômage élevé, mais induit plutôt une croissance économique forte.

C'est l'inverse de la prescription théorique qui se produit donc dans l'économie américaine ; mais, dans l'UEMOA où l'on observe un taux d'intérêt débiteur prohibitif au-dessus de 12 % (découlant d'un taux directeur généralement élevé) et un fort taux de chômage, la Courbe de Philips, de toutte évidence, se vérifie.

En Afrique, on a donc tort de pratiquer un taux directeur élevé (provoquant un taux d'intérêt débiteur répressif) pour se prémunir contre une inflation supposée, puisqu'il ralentit la croissance économique et produit un taux de chômage élevé au-dessus de 13 % (cf. document BIRD de 2015).

2.2.3. Le taux de pression fiscale

L'UEMOA fixe la pression fiscale minimale à 17% ; à notre connaissance, aucun modèle économétrique n'a conduit aux choix d'un tel taux ; il est arbitraire, donc pas nécessairement optimal. Un tel taux ne peut être considéré comme optimal, pour une autre raison : en combinaison avec le taux d'intérêt débiteur répressif, il contribue à pénaliser les économies africaines. En effet, si l'on fait l'hypothèse très réaliste que la moyenne de taux de rendement d'un investissement, y compris dans les secteurs à rendement croissant, varie autour de 20%, un taux de pression fiscale de 17%, rend l'investissement presque non rentable, et incite peu à investir. D'où l'éventualité de désinvestissement dans les pays membres. Dans l'UEMOA, l'économie est prise en « sandwich » entre un taux d'intérêt débiteur répressif, variant entre 11% et 12% (cf. Konan Koffi Siméon, 2009), ayant atteint 16,75 % en 1992 et 20% en 1995, et un taux de fiscalité qui asphyxie la capacité de production des producteurs à travers une trop forte ponction. On mesure bien les externalités négatives d'un tel taux de pression fiscale de 17 % sur les économies. Or, dans son étude économétrique, Yaya Keho estime la taxation optimale à 21 % pour la Côte d' Ivoire. Pour lui, respecter le taux de 17 % de l'UEMOA, c'est pénaliser l'économie ivoirienne, en termes de réserves fiscales non collectées, puisqu'il est en dessous de 4 points de pourcentage ; mais nous ne partageons évidemment pas cet avis, parce que, dans l'UEMOA, les économies étant déjà suffisamment réprimées par un taux d'intérêt débiteur répressif, de telles pressions fiscales nous semblent excessives.

2.2.4. Le plafonnement de la masse salariale

Plafonner la masse salariale à 35% des recettes fiscales pose de sérieux problèmes du point de vue de la rationalité économique :

- le choix de 35% est arbitraire dans la mesure où aucun modèle économétrique ne permet de déterminer une corrélation entre la croissance économique (donc la variation du PIB) et ce ratio ; pourquoi pas 10, 20, 30, 40, 50% ?

- le plafond de 35% provoque une compression d'une partie du PIB quand il est évalué du point de vue de l'approche du revenu. En effet, dans cette approche, le salaire payé aux travailleurs (Labor income) constitue une des composantes du PIB à laquelle il faut ajouter les revenus du capital (profits, intérêts et rentes), les dépréciations, les investissements nets, les impôts indirects payés par le secteur privé et le revenu net des étrangers ;

- par rapport aux mécanismes d'interactions économiques, mettre un plafond sur le niveau de la masse salariale, c'est stagner à un niveau constant et réduire les effets des multiplicateurs keynésien et du crédit dans l'économie toute entière ;

- maintenir la masse salariale à un niveau constant du budget, c'est priver inutilement les travailleurs (ici les agents de l'Etat) d'une progression de rémunération légitime et rationnelle par rapport à l'évolution de l'économie dans la mesure où le salaire est la rémunération de la contribution des travailleurs à la production des biens et services ;

- du point de vue de l'économie positive, le niveau de ce ratio, quel qu'il soit, ne pose aucun problème particulier. Dans les pays occidentaux, le ratio de la masse salariale sur les recettes fiscales est nettement plus élevé et n'est pas limité. Il est de 110% en 2015 aux Etats-Unis d'Amérique et de 54,4 % en 2013 et 57% en 2015 en France.

Comme on le voit, fixer un plafond à ce ratio, dans l'UEMOA, est non seulement inexplicable du point de vue de la rationalité économique, mais c'est pénaliser inutilement les économies africaines.

Le vrai débat, c'est comment organiser l'économie nationale de manière que, quel que soit le niveau de la masse salariale (une composante du PIB) par rapport aux recettes fiscales ou au budget total, les multiplicateurs keynésien et de crédit puissent jouer pleinement.

2.2.5. Le ratio solde budgétaire de base / PIB

Dans les pays de l'UEMOA, le pacte de convergence initial impose le ratio « solde budgétaire de base sur PIB $\geq$ 0% quand le nouveau pacte prescrit « solde budgétaire / PIB $\leq$ 3%. Du point de vue économique, ces ratios n'expliquent strictement rien ; le solde budgétaire, c'est la différence entre les ressources et les dépenses de l'Etat à la fin de l'année budgétaire. Si l'écart est négatif, il y a déficit budgétaire ; ce qui n'est d'ailleurs pas antiéconomique, si l'on prend en compte le multiplicateur keynésien et le théorème de Haavelmo (cf. paragraphe 2.3.1. plus loin). S'il est positif, il y a excédent budgétaire, ce qui n'est pas concevable du point de vue de la logique économique (cf. plus loin) ; le PIB, c'est la somme de toutes les valeurs ajoutées créées dans un pays au cours d'une période (généralement un an). Rapporter le solde budgétaire au PIB d'un pays n'a donc aucun sens économique et ne mesure rien en termes de performance économique, pour deux raisons :

- le budget représente les moyens financiers dont dispose l'Etat en un an : Les ressources du budget sont basées sur la collecte des impôts et autres taxes, c'est donc une portion des richesses totales, c'est-à-dire toutes les valeurs ajoutées créées par le secteur privé (principalement) et l'Etat (en infime partie), et non une création de richesses par l'Etat seul.

- le budget de l'Etat, c'est en fait, majoritairement une partie des richesses privées (revenus) affectées de force à l'Etat. Et le solde budgétaire indique simplement si l'Etat a utilisé oui ou non la totalité de ses ressources financières telles que consignées dans les documents budgétaires ; que l'on rapporte le prélèvement fiscal au PIB (cf. pression fiscale, plus loin), pour mesurer la pression (donc le poids de la ponction) exercée sur la création de la richesse totale, est tout à fait rationnel. Mesurer le budget de l'Etat par rapport au PIB pour savoir quelle est la portion du PIB qui est dédiée à l'Etat, l'est autant. Mais, mesurer le solde budgétaire par rapport au PIB, c'est-à-dire l'écart entre recettes et dépenses de l'Etat (solde budgétaire) par rapport à l'ensemble de la richesse totale créée dans un pays, ne nous semble pas avoir un véritable sens économique. Par conséquent, quel que soit son niveau, ce ratio n'explique strictement rien, du moins, pour ce qui est des avantages ou inconvénients par rapport à l'économie d'un pays.

2.3. La collecte optimale des ressources de l'Etat

Généralement, les Etats et les organes de contrôle ne se préoccupent que de la bonne exécution des dépenses publiques. Or, non seulement le budget est constitué de recettes et de dépenses, mais la gestion optimale des Finances Publiques suppose la prise en compte de l'intérêt général au sens de l'optimalité de Pareto, en d'autres termes, l'accroissement du bien-être de tous les membres de la collectivité, y compris les contribuables ; ce qui implique donc une gestion optimale aussi bien des recettes publiques que des dépenses.

Dans ce domaine, des théories économiques telles que la Règle de Ramsey et la Courbe de Laffer permettent une collecte optimale des ressources de l'Etat.

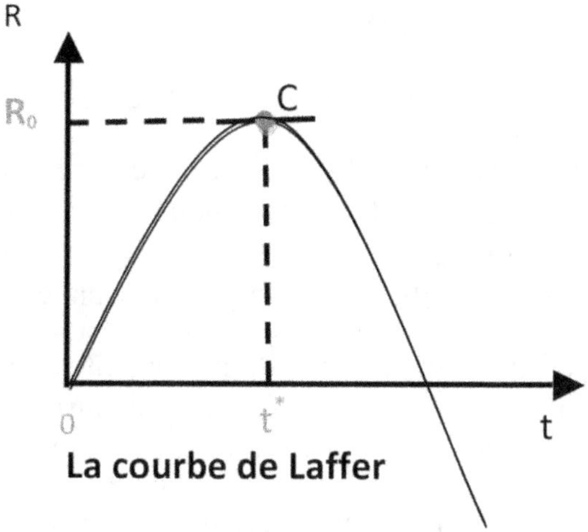

La courbe de Laffer

Sur la courbe de Laffer, ci-dessus, avant t^*, quand le taux d'imposition t augmente, le revenu fiscal R augmente. Au-delà de t^*, quand t augmente, R diminue. Les causes de la diminution se trouvent dans :

- l'évasion fiscale ;

- la réduction du temps de travail en faveur du temps de loisirs ;

- la disparition pure et simple de certains secteurs d'activités surtaxés ;

- la disparition de secteurs d'activités surtaxés au profit d'autres secteurs moins taxés, mais de moindre importance dans le PIB ;

- la délocalisation dans un pays étranger.

Par exemple, en Côte d'Ivoire, la forte taxation, par moments, du prix du café et du cacao par comparaison au Ghana voisin, a parfois poussé des producteurs frontaliers à aller vendre leurs produits dans ce pays. La surtaxation du carburant (environ une quinzaine de taxes sur ce même produit) occasionne souvent des fraudes entre des pays voisins et la Côte d'Ivoire.

2.3.1. La détermination d'un taux d'imposition optimal

Collecter le maximum de ressources a été, de tous temps, un objectif majeur des Etats. Mais, pour les économistes, la question fondamentale est comment prélever une taxe efficiente qui soit compatible avec la justice sociale.

Aussi, définissent-ils la taxation efficiente comme celle « qui minimise les pertes d'efficience encourues à travers l'excès de charge fiscale dans la collecte du revenu fiscal ».

La réponse à la taxation efficiente a été proposée par l'économiste britannique Frank Ramsey (1927) et est connue sous l'appellation de la Règle de Ramsey. Cette règle établit que dans une économie à deux biens A et B, les taux d'impositions doivent être déterminés tels que :

$$\frac{t_A}{t_B} = \frac{E_{DB}}{E_{DA}} \qquad (32)$$

t_A = taux de taxation du bien A

t_B = taux de taxation du bien B

ED_B = élasticité de la demande du bien B

ED_A = élasticité de la demande du bien A

La formulation ci-dessus veut dire que les taux doivent être inversement proportionnels à l'élasticité de la demande des deux biens.

En conséquence, le taux d'imposition doit être plus élevé sur le bien dont l'élasticité de la demande est faible.

En effet, la principale source de l'excès de charge fiscale est la substitution entre le travail (l'effort) et le loisir ; et l'amplitude (le degré) de substitution peut être mesurée, par les élasticités de l'offre et de la demande. Quand l'élasticité est faible, la réaction (degré) de substitution est faible et l'excès de fardeau fiscal est faible. Lorsque la taxe augmente, cela provoque un accroissement marginal de la perte imposée au contribuable à travers l'excès de fardeau fiscal.

L'augmentation de perte apparait à travers le degré de substitution dans la mesure où les individus (contribuables) changent leur comportement en termes de dépenses et d'allocation de revenus à cause de l'augmentation de la taxe. Ainsi la logique de la Règle de Ramsey pour la taxation efficiente est que les pertes marginales dues à l'excès de fardeau fiscal des accroissements doivent être égales. Dans l'équation (32), plus l'élasticité de la demande est élevée, plus grande sera la réaction en termes de taux de substitution induite par la taxation ; par conséquent, pour maintenir à un niveau bas l'excès de fardeau fiscal, un prélèvement fiscal bas doit être établi sur les biens à élasticité de demande élevée ; pour minimiser l'excès de fardeau fiscal combiné, le taux d'imposition doit être inversement proportionnel aux élasticités de demande des biens.

Mais la Règle de Ramsey, tout en préconisant une taxation efficiente, pose un véritable problème de justice sociale ;

en effet, son application suppose d'une part, une taxe moins élevée, sur les biens de luxe (restaurations de luxe, les avions, les luxueuses maisons, les parures d'or etc.) parce que les élasticités de la demande (les opportunités de substitution) pour ces produits sont très élevés, et d'autre part, une taxe plus élevée sur les produits de grande consommation (biens inférieurs) comme la nourriture, la viande, le lait, le sucre, les habits, le savon etc.

Keynes avait démontré qu'une politique de relance à travers la dépense publique financée par l'emprunt (donc par création de déficit budgétaire) engendrait un accroissement plus que proportionnel de la production, donc de la richesse nationale (PIB). C'est l'effet induit du mécanisme du multiplicateur keynésien :

$$k = \frac{1}{1 - c}$$

où k est le multiplicateur keynésien et c, la propension marginale à consommer.

Haavelmo (1945) va plus loin en précisant que, même en maintenant le budget équilibré, par davantage d'impôts, un accroissement de la dépense publique se traduit par une augmentation de la richesse nationale (cf. démonstration mathématique en annexe).

Par la suite, Musgrave (1959) établit le rôle, à la fois, financier (ressources de l'Etat), économique (réduction de la pression fiscale pour relancer la consommation, l'investissement et l'emploi et/ou améliorer la productivité du capital physique et du capital humain) et social (redistribution de revenu) de la politique fiscale.

Dès lors, d'autres économistes ont cherché à déterminer le taux d'imposition qui maximise le taux de croissance d'une économie. Tout en prenant en compte la taxation fiscale, ils vont préconiser l'optimalité tant du point de vue du prélèvement que de la charge fiscale, donc de la pression fiscale pour plus d'équité sociale. La détermination d'un taux d'imposition optimal dans une économie a fait donc l'objet d'une abondante littérature, de Mirlees à Saez en passant par Laffer, Barro, Lucas, Kennedy etc.

A cet égard, Arthur Laffer (1971) a déterminé, pour une économie donnée, un niveau d'imposition au-delà duquel, la fiscalité devient dommageable pour l'économie. C'est l'illustration de cette idée qui établit une relation entre le revenu fiscal et le taux d'imposition qu'il est convenu d'appeler la Courbe de Laffer (cf. graphique antérieur).

A partir de la courbe de Laffer, et faisant suite à la théorie du développement endogène, des économistes ont cherché à déterminer et tester économétriquement le niveau de taux de pression fiscale qui permet de réaliser une croissance optimale.

James Mirlees (1971) a été le premier à modéliser l'impôt optimal. Dans une économie, la fiscalité engendre une modification de la répartition primaire des revenus à travers les prélèvements obligatoires et les transferts. Mais, aux effets macroéconomiques de redistribution, s'ajoutent les effets microéconomiques de substitution ; en effet, la taxation des revenus du travail et/ou du capital induit des distorsions dans les choix ou prises de décisions individuelles des contribuables, et diminue par conséquent, les recettes fiscales, donc les ressources de l'Etat.

« Les agents économiques réagissent donc aux modifications d'impôt (hausse ou baisse), aux transferts en modifiant leurs décisions de production ou d'épargne, leur offre de travail, voire leurs sources de revenus (problèmes de trappe à l'inactivité ou de l'évasion fiscale, effet Laffer) ».

L'imposition optimale permet alors de déterminer un taux de prélèvement obligatoire qui maximise les recettes fiscales et minimise les désincitations à l'effort fiscal chez les contribuables dans l'économie. En d'autres termes, il s'agit de déterminer un système de prélèvement qui maximise le bien-être collectif, c'est-à-dire déterminer la taxation en prenant en compte l'optimalité de Pareto. Et selon Mirlees, le choix résulte de l'arbitrage entre redistribution et efficacité économique, puisqu'il s'agit, en réalité, de limiter les coûts d'efficience de la taxation (effets négatifs sur l'économie) tout en réalisant un objectif d'équité qui est fonction des préférences collectives.

Mirlees aboutit à la conclusion que le taux marginal d'imposition – le taux de prélèvement sur le dernier dollar gagné – qui optimise le bien-être social est un taux qui décroit avec les revenus et qui tend vers zéro pour les plus haut revenus (appelé zero top rate).

A cet égard, le model de Barro (1990) établit une relation entre taux d'imposition optimal et de taux de croissance optimal (cf. graphique plus loin)

Des études empiriques analysant la relation entre la taxation et la croissance économique ont parfois donné des résultats constants, selon le pays, la méthodologie et les périodes, pour les mêmes pays.

Pour Aeton (1981), Skinner (1987), Barro (1990), Beibfritz (1987), Rouser and Romer (2007), Favero et Gavazzi (2009), l'imposition de taxe affecte négativement la croissance économique ; Katz et Al (1983), Koester et Kormendi (1989), Leoine et Renelt (1992), eux, ne trouvent pas de corrélation significative entre taxe et croissance économique.

Néanmoins, à partir de la Courbe de Laffer, certains économistes ont déterminé le taux d'imposition qui maximise la croissance dans une économie.

Pour la Nouvelle Zélande, Scully (1996, 2000) a trouvé un taux d'imposition optimal de 20% sur la période 1927-1994 ; pour les Etats-Unis, ce taux se situe entre 21,5% et 22% sur la période 1949-1989, selon l'étude du même auteur ; mais, sur une plus courte période (1960-1990), ce taux se ramène à 19,5% et génère une croissance de 6,97% pour les Etats-Unis.

Mais, la détermination du taux d'imposition optimal dans une économie pose problème : le modèle suppose que les individus ont les mêmes fonctions d'utilité, et les paramètres ne sont pas mesurables du point de vue empirique.

Saez (2001, 2009) lui, va dépasser les limites des modèles théoriques en introduisant le concept de l'élasticité de l'offre du travail relativement au taux d'imposition marginal ou à la distribution d'allocations. Cette nouvelle méthode lui a permis de prendre en compte les préférences individuelles hétérogènes (les élasticités des contribuables n'étant pas forcement identiques) et de construire des modèles s'appuyant sur des paramètres, comme les élasticités, qui peuvent être estimés empiriquement. Pour déterminer le système fiscal optimal, Saez part d'un postulat et d'un constat empirique :

- **le postulat** : la fiscalité étant un instrument au service de la justice, la redistribution des plus riches vers les pauvres est socialement souhaitable (principe d'équité verticale selon lequel le taux de prélèvement s'accroit avec le niveau de revenu). La pauvreté, présente dans les pays développés est le résultat négatif du mauvais fonctionnement du marché que les gouvernements doivent corriger à partir de la redistribution ;

- **le constat empirique** : la part des hauts revenus dans le revenu total a augmenté depuis les années 80, précisément aux Etats-Unis, d'où l'existence d'une forte réserve fiscale potentielle dans cette tranche de revenus.

Etablir donc un système d'impôt progressif, surtout aux Etats-Unis, est souhaitable pour une question de justice sociale, dans la mesure où le prélèvement fiscal doit être proportionnel aux capacités contributives des agents économiques. En même temps, le système d'imposition doit être efficace économiquement pour ne pas décourager l'initiative et le travail, puisque les décisions des individus, en réponse aux prélèvements fiscaux, affectent les revenus, donc les recettes fiscales. De même, la redistribution de revenus vers les pauvres, opérée par la fiscalité peut réduire l'incitation au travail.

Pour déterminer un tel système fiscal, Saez a mesuré empiriquement la réaction des agents économiques aux transferts et aux taxes, en haut (les plus riches) et en bas (les plus pauvres) de la distribution des revenus.

Il s'agit, dans le premier cas, de l'élasticité (variation) des hauts revenus à un changement de taux d'imposition dans la tranche supérieure des revenus, étant entendu que ces hauts revenus sont relativement élastiques au taux marginal d'imposition , et dans le second cas, de la variation de l'offre de travail (des pauvres) par rapport au versement d'allocations.

Saez prend alors en compte les transferts traditionnels (plus distributifs) et les crédits d'impôt remboursables tels que « la prime pour l'emploi » et distingue entre « effets participatifs ou extensifs » des transferts sur le taux d'emploi (entrer ou ne pas entrer sur le marché du travail) et « effets intensifs » des transferts (variation du nombre d'heures de travail pour ceux qui sont déjà sur le marché).

Pour lui, la problématique de la théorie de la fiscalité optimale est de déterminer, d'une part, le taux marginal d'imposition supérieur optimal (qui maximise les recettes fiscales dans la tranche supérieure des revenus), et d'autre part, le niveau optimal des transferts vers les bas revenus (une redistribution efficace tout en limitant les effets désincitatifs).

Il montre que les coûts de redistribution (initiation au travail) ne sont pas forcément supérieurs aux bénéfices (amélioration du niveau de vie des plus pauvres) mais, que la redistribution est optimale quand on privilégie les transferts de type « prime à l'emploi » qui incite à prendre un emploi.

En général, selon les études empiriques, le taux d'imposition optimal moyen dans les pays développés est de 20% et varie entre 16,6% (Suède) et 25% (Royaume-Uni). Mais, le taux d'imposition observé se situe entre 34,1% (Royaume-Uni) et 51,6% (Danemark) (Yaya Keho, 2009). Ces pays pratiquent donc des taux d'imposition nettement au-dessus du niveau optimal. Ce qui, naturellement, semble pénaliser leur croissance économique (Branson et Lovelle, 2001).

Pour la Côte d'Ivoire, Yaya Keho (2010), à partir de tests économétriques, a estimé à 6,19 % le taux de croissance économique correspondant au taux d'imposition optimal moyen de 21% du PIB entre 1960 et 2006.

Le modèle de Barro, représenté sous forme de graphique ci-dessous, permet de voir l'évolution du taux de croissance de l'économie en fonction de la valeur du taux d'imposition. Le point C étant l'optimum, en deçà de t^*, quand le taux d'imposition augmente, le taux de croissance augmente, parce que l'effet positif l'emporte sur l'effet négatif de découragement de l'activité. C'est l'inverse au-delà de t^* ; g^* est le taux de croissance économique optimal engendré par t^*.

Par combinaison de la règle de Taylor avec la courbe de Laffer et le modèle de Barro, les pays peuvent mener une politique de bonne gouvernance économique. Mais cette politique doit être combinée avec un contrôle rigoureux de l'exécution des dépenses publiques.

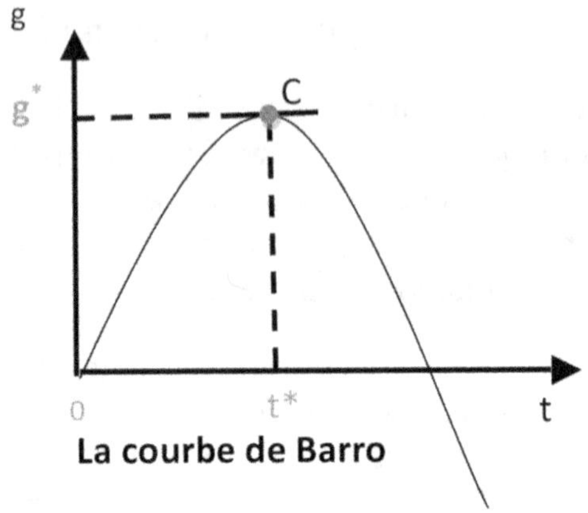

La courbe de Barro

2.3.2. La collecte optimale des autres ressources de l'Etat

En dehors du prélèvement fiscal et para fiscal, l'Etat dispose d'autres sources de revenus dont la collecte doit aussi être soumise au principe de l'optimalité ; autrement, le coût social serait extrêmement élevé : il s'agit précisément de l'émission d'emprunts obligatoires, du financement extérieur (endettement international) et du revenu de la loterie nationale.

2.3.2.1. L'émission d'emprunts obligataires

L'émission d'emprunts obligataires comme source de revenus de l'Etat est pratiquée par bon nombre de pays. Son succès repose sur la confiance dans l'économie du pays en question tant au niveau national qu'international.

A cet égard, les agences de notation (Standard and Poor's, Transparency International, Moody's, Fitch Ratings etc.) exercent une influence plus ou moins considérable. Et les pays africains, généralement mal notés, ne peuvent faire de l'émission d'emprunts obligataires, une source de revenus permanente ou stable d'autant plus que, y recourir suppose que l'économie émettrice ne génère pas suffisamment de ressources propres (fiscales, parafiscales et autres).

De plus, elle engendre un coût financier (le taux d'intérêt) auquel il faut faire face. Si les émissions d'emprunts obligataires font partie de la logique économique, les Etats africains devront en faire usage sous deux conditions :

- investir les produits des emprunts obligataires dans des investissements à rendements croissants ou d'utilité publique avérée et à un taux d'intérêt raisonnable ;

- éviter des émissions d'emprunts obligataires excessives qui hypothèquent les capacités de remboursement de l'économie.

2.3.2.2. Le financement extérieur

Face aux énormes besoins de financement et à la faiblesse du financement interne et de l'épargne nationale, les pays africains ont souvent recours au financement extérieur sous ses deux formes : investissement direct étranger et endettement extérieur.

Depuis le Plan Marshall, l'endettement extérieur est devenu une source de financement privilégiée des pays en développement ; Mais se pose le problème de la solvabilité du pays emprunteur.

Quant à l'investissement direct étranger, il constitue à la fois un complément et une alternative à l'endettement extérieur pour les pays africains de la zone CFA.

Plus que le financement sur emprunts obligataires, le financement extérieur est largement tributaire de l'environnement économique dans un pays. A cet égard, les notes des agences de notation financière internationales telles que Standard and Poor's, Fitch Rating, Moody's, Dagong permettent d'apprécier le rendement, la qualité et les risques de défaut du crédit et le rendement de l'investissement dans les différents pays.

« Doing Business », une publication de la Banque Mondiale, mesure « les régulations favorables et défavorables à l'activité économique ». Elle évalue, chaque année, la qualité et l'efficience du cadre réglementaire dans 189 économies. Les indicateurs quantitatifs utilisés mesurent la régulation des affaires dans les 189 pays, en matière de :

- création d'entreprise ;
- octroi de permis de construire ;
- raccordement à l'électricité ;
- transfert de propriété ;
- obtention de prêt ;
- protection des investisseurs minoritaires ;
- paiement d'impôt ;
- exécution de contrat ;
- commerce frontalier ;
- règlement de solvabilité ;
- marché du travail.

Le classement des 189 pays en fonction « de la facilité à y faire des affaires » guide les agents économiques dans leurs prises de décisions et amènent les pouvoirs publics à concentrer davantage d'efforts sur les mesures permettant d'améliorer l'attractivité de l'économie rapport aux investissements extérieurs. Malheureusement, dans les pays africains en général, et en zone du franc CFA en particulier, les économies sont classées parmi les moins attractives (cf. annexe).

Transparency International, autre organisme de notation, utilise, pour évaluer la gouvernance des pays, des indicateurs de bonne gouvernance qui sont :

- l'indice de perception de la corruption (IPC) qui classe les pays selon une échelle de zéro (pays très controversé) à 10 (pays exemplaire) ;

- le baromètre mondial de la corruption (BMC), un sondage réalisé auprès des populations sur leur perception de la corruption dans leurs pays respectifs ;

- l'indice de corruption des pays exportateurs(ICPE) qui recense les pots-de vin versés à l'étranger, par des entreprises des 22 principaux pays exportateurs représentant environ 75% des échanges mondiaux, en vue d'obtenir des marchés dans les pays concernés.

Ces indices permettent de se faire une idée de l'état de la gouvernance économique des pays africains qui se retrouvent toujours au bas des tableaux de classement, même s'ils sont calculés à partir de sondages dont l'objectivité des populations - cibles peut être parfois sujette à caution.

Le mauvais classement et le niveau d'attractivité discutable des économies africaines constituent un handicap qui réduit les possibilités de financements extérieurs. Il est donc impératif d'allouer ces financements – quand ils existent- dans les conditions optimales d'efficacité.

L'efficacité de l'endettement d'un pays, plus que celle de l'investissement direct étranger, a fait l'objet de débats chez les économistes depuis les années 1970. De façon générale, les économistes ont abouti à la conclusion que la détermination d'un niveau optimal d'endettement est nécessaire pour que son remboursement n'ait pas d'effets négatifs sur la croissance économique.

Barro (1979) préconise « qu'un niveau soutenable de l'épargne de précaution détermine le niveau optimal de l'endettement ». En effet, il révèle, dans son étude, une forte corrélation positive entre le taux de taxation et le niveau de l'endettement. Et l'Etat peut s'endetter puisqu'il peut faire payer cette dette à partir de la taxation future sur les ménages et les entreprises, en fonction du niveau d'endettement. Les résultats empiriques du modèle de Barro ont confirmé cette thèse dans l'économie américaine dans les années 80 et 90 où les ménages ont vu leurs impôts augmenter pour tenir compte du remboursement de l'endettement antérieur de l'Etat (années 1960).

Mais, se pose alors le problème de la soutenabilité, c'est-à-dire jusqu'à quel niveau un Etat peut-il s'endetter ? En d'autres termes, jusqu'à quel niveau peut-on endetter un Etat sans tenir compte de sa capacité de remboursement ?

A la suite de Barro, Lucas et Stokey (1983) montrent, dans leur modèle, que « la dette varie autour d'une valeur stationnaire qui est une fonction monétaire de la dette initiale ».

Nasser A. Tanimoune et J. L. Combes (2005) ont cherché eux, à déterminer l'effet de la politique budgétaire sur l'activité économique appréciée à travers l'output-gap (écart entre le PIB et le PIB potentiel) en prenant en compte les effets non linéaires de la politique budgétaire. Puis, « dans le cadre de l'UEMOA, ils testent l'existence de différents régimes budgétaires soumis (contraint) au taux d'endettement public » et aboutissent aux conclusions suivantes :

- pour un endettement inférieur à un seuil, le régime est keynésien, c'est-à-dire une contraction budgétaire conduit l'économie à une récession ;

- pour un taux d'endettement supérieur au seuil, le régime est anti keynésien (contraction budgétaire neutre ou favorable à l'activité économique).

Ils expliquent ces deux conclusions contradictoires par le fait qu'en présence d'une dette insoutenable, les agents économiques accroissent leur épargne parce qu'ils prennent conscience qu'ils supporteront le poids du remboursement à l'avenir. Ils relèvent aussi l'effet de la composition de l'ajustement budgétaire du côté de l'offre car, pour un taux d'endettement supérieur au seuil, la contraction budgétaire n'est pas provoquée par un accroissement des impôts, mais par une diminution des dépenses publiques, malgré l'éventualité d'un coût politique (Alesina, 1998). Pour les pays de l'UEMOA, et sur la période 1986-2002, ils déterminent alors un seuil d'endettement de 83% de l'effort budgétaire sur l'output-gap.

Pour Crettez (2003), « l'endettement public acceptable est celui qui reste compatible avec un fonctionnement effectif de l'économie ». Il fait l'hypothèse d'un impôt forfaitaire libre imposé de la part de l'Etat et de l'inexistence de contrainte budgétaire inter temporelle. Alors, il arrive à la conclusion « qu'un équilibre inter temporel existe pourvu qu'une contrainte sur la dette soit levée ». Par exemple, avec la contrainte que le volume de la dette ne doit dépasser ni la valeur du PIB courant ni la valeur actualisée du PIB de la période suivante, il conclut à l'équilibre budgétaire inter temporel, quand la limite de la valeur actualisée du PIB est nulle. Par contre, quand la limite supérieure du PIB actualisé est strictement positive, le respect de la condition n'engendre pas l'équilibre budgétaire inter temporel.

Bachellerie (2005) explique que quand la dette publique d'un pays augmente sur plusieurs années, la stabilisation permet de prévenir une crise de dette souveraine. On peut alors calculer « l'excédent primaire nécessaire à la stabilisation du ratio dette/PIB. Et la différence avec l'excédent primaire réalisé correspond à l'écart sur l'ajustement budgétaire ». Si ce dernier est positif, la dette doit être considérée comme insoutenable. On peut également calculer le taux d'imposition requis pour assurer la stabilisation du ratio dette/PIB, et un écart, entre le taux d'équilibre et le taux d'imposition effectif, implique que la dette est insoutenable. Ces calculs montrent l'effort à fournir par un Etat, pour stabiliser sa dette, donc réaliser la soutenabilité. Alors se pose la question de savoir si ce niveau est optimal pour l'économie, c'est-à-dire « générateur de croissance économique optimale ».

Alfaro, Laura et Fabio, Kunczuk (2006) traitent l'optimalité de la dette en prenant en compte le long terme et le court terme pour les pays développés (USA) et les pays émergents (Brésil). L'amortissement de la dette est alors calculé sur la période de remboursement. Ils montrent, dans leur modèle, que les avantages du transfert (de la dette) sont anéantis par des taux d'intérêt généralement élevés. Selon ces auteurs, la soutenabilité de la dette à court terme ou à long terme est fonction de la maturité de l'économie considérée. Ils concluent que la «dette à court terme est plus soutenable et associée à un niveau de bien-être bien plus élevé que la dette à long terme dans les petites économies». Ils relèvent que la longue maturité de la dette, actuellement observée pour les Etats-Unis, n'est pas optimale et concluent que les économies moins avancées ne tirent pas profit de l'endettement, du fait des taux d'intérêt élevés.

Comme on le voit, dans toutes ces études empiriques, la préoccupation des économistes, c'est de déterminer un niveau d'endettement optimal, en d'autres termes, un taux d'endettement qui ne pénalise pas la croissance économique. En définitive, la théorie économique cherche à établir le niveau de solvabilité de chaque pays par rapport à son niveau d'endettement.

Après la grave crise de l'endettement international des années 80 et 90 ans, les pays africains devraient tenir compte de leur capacité de remboursement dans toute recherche de financement extérieur, d'autant plus que ce financement provoque des externalités (cf. paragraphes antérieurs) et que le phénomène de « moral hazard » (aléa de moralité), même s'il a permis de régler momentanément le problème de la dette, au milieu des années 1990,n'a pu empêcher la propagation de la crise de l'endettement, par la suite. En effet, les pays débiteurs, au nom du principe de « moral hazard », n'osaient pas s'engager dans une politique de répudiation. Certains de ces pays endettés (Pérou en 1986, Brésil et Côte d'Ivoire en 1987) n'avaient que décidé des moratoires sur le paiement total ou partiel de leur dette.

Les créanciers, de leur côté, s'étaient organisés pour empêcher la répudiation ou le défaut de paiement de la part des pays endettés en développant davantage leurs engagements par la mise à disposition d'argent frais. Et W. Cline (1984) démontre bien la rationalité de leur comportement :

soit

P_o, la probabilité de défaut avant le nouveau financement

P_t, la probabilité de défaut après le nouveau financement

L, la valeur monétaire du nouveau prêt

D, le stock d'endettement préalable au nouveau financement

E(B), le bénéfice anticipé

E(C), le coût anticipé du nouveau prêt

N(B), le bénéfice net du crédit additionnel

On peut calculer le bénéfice anticipé comme suit :

$$E(B) = (P_o - P_t) D$$

Le coût anticipé du nouveau prêt est égal à

$$E(C) = P_t L$$

Le bénéfice net du crédit additionnel, exprimé en pourcentage s'écrit :

$$N(B) = E(B) - E(C) = P_o - P_t (1 + L / D) \times 100$$

Il apparait clairement que l'intérêt, pour les créanciers, à accorder un nouveau prêt est fonction de la probabilité de défaut avant et après avoir fait celui-ci et de la dette existante. En effet, si P_o est élevé et L/D est faible, le système bancaire sera d'autant plus incité à injecter de l'argent pour réduire le risque de défaut que P_t sera moindre. Et W. Cline montre, par exemple qu'en 1982, les banques créancières ne pouvaient que répondre favorablement aux nouvelles demandes de crédits du Mexique malgré son endettement déjà élevé, car P_o était élevé, P_t était faible et L/D ne représentait que 7% de la dette du Mexique.

Mais le développement, en 1985 du marché secondaire de la dette où se pratiquaient les ventes et rachats de la dette avec des décotes de 65 % (et parfois plus), a conduit les banques créancières et les pays débiteurs à modifier leurs stratégies. Les banques provisionnèrent (la CITYCORP, la première) pour créances douteuses. Malgré l'existence de ce marché secondaire de la dette, il a bien fallu recourir aux mécanismes successifs de rééchelonnement (Club de Paris), de réduction (Plan Brady, termes de Naples, etc.) et d'effacement d'une partie substantielle de la dette extérieure (initiative PPTE) pour résoudre en profondeur le problème de l'endettement international. Aussi, une seconde grave crise de l'endettement trouverait-elle peu d'écho en ce qui concerne les solutions antérieurement apportées. Dans la recherche de financements extérieurs, les pays africains ont donc intérêt à prendre en compte l'efficacité de leur l'endettement international.

2.3.2.3. La loterie

La loterie nationale (loterie d'Etat) instituée dans beaucoup de pays africains permet une collecte additionnelle plus ou moins substantielle de recettes de l'Etat basée sur la théorie des jeux du hasard ; le public y prend goût dans la mesure où il ignore la théorie de la probabilité qui permet de comprendre que, plus un grand nombre de joueurs jouent, plus la probabilité que chacun gagne est faible; par exemple, si 1.000.000 de joueurs jouent, la probabilité (la chance) que chaque joueur gagne est de 1/1.000.000, soit 0,000001, ce qui est presque nul. Mais, par ignorance de la théorie de la probabilité, chaque joueur pense qu'il va gagner, et donc joue de sorte qu'à chaque fois, un grand nombre de joueurs participent aux jeux de la loterie. Les fonds collectés à travers la loterie nationale doivent être alloués de façon optimale, dans le cadre des dépenses publiques, dans les économies africaines.

III. LA GESTION SOUS-OPTIMALE DES DEPENSES PUBLIQUES EN AFRIQUE

La politique budgétaire dans un pays consiste en la collecte et l'allocation des ressources publiques en vue du fonctionnement de l'Etat et de la réalisation des investissements publics.

Si la théorie économique ne préconise l'intervention de l'Etat que pour la production des biens publics, les pays africains en général interviennent davantage dans les secteurs marchands et productifs au point que l'Etat devient dans ces pays, plus que dans les pays développés, producteur et pourvoyeur d'emplois, sans pour autant être grand contributeur au PIB.

3.1. L'exécution sous-optimale des dépenses publiques

Dans les pays africains, le comportement bureaucratique des fonctionnaires et agents de l'Etat a atteint un niveau tellement élevé que la gestion économique est de moins en moins optimale (cf. les publications des organismes de notation) même si, sur le circuit de la dépense publique, des dispositions de contrôle a priori et a posteriori sont prises en vue d'une meilleure gestion.

Le contrôle a priori, c'est le contrôle effectué au moment de l'exécution de la dépense publique. A chaque niveau du circuit de la dépense (ordonnateur, contrôleur et comptable), on s'assure de la régularité de la dépense engagée. En Afrique, ce contrôle se fait au niveau des ministères, des collectivités locales et des Etablissements Publics Nationaux.

En ce qui concerne le contrôle a posteriori, il est effectué, après l'exécution des dépenses, par des organes supérieurs de contrôle (Cour des Comptes, Inspection Générale d'Etat, Vérificateur Général, etc.) et d'autres structures de contrôle (Inspections Générales des Ministères, Inspection Générale du trésor, auditeurs externes, etc.) qui changent d'appellation selon les pays, auxquels il faut ajouter les Commissions des Affaires Economiques et Financières des Parlements respectifs. Des organes communautaires effectuent également des contrôles a posteriori dans les espaces économiques UEMOA et CEMAC.

Mais, la réalité est que la mauvaise gouvernance semble endémique au système de gestion des dépenses publiques dans les pays africains. Les raisons ? Elles sont nombreuses : insuffisance de contrôle, recommandations de sanctions peu appliquées, manque de formation adéquate de contrôleurs, manque d'indépendance des organes de contrôle, absence d'évaluation des contrôleurs et de contrepouvoir et quasi-inactivité des parlements en matière de contrôle financier.

En général, les contrôleurs sont en effectifs insuffisants pour la tâche à accomplir : par exemple, en Côte d'Ivoire, chaque contrôleur financier est en charge de plusieurs ministères, les Inspecteurs d'Etat sont peu nombreux, les Conseillers à la Cour des Comptes en nombre réduit quand les Inspecteurs Généraux des ministères manquent totalement de moyens de travail ; il y a aussi le manque de formation adéquate de certains contrôleurs exerçant dans certains organes de contrôle où l'on trouve des agents, soit mal formés, soit non spécialistes de finances qui, évidemment, ne comprennent pas grand' chose en matière de comptabilités (publique et privée) et/ou de finances publiques ; des rapports de contrôle sont parfois classés sans suite, et les sanctions souvent légères, donc peu dissuasives, contribuent à décourager le contrôleur et à encourager le fraudeur. De plus, les organes de contrôle dans nos pays ne sont, eux-mêmes, soumis à aucun contrôle d'organismes externes et indépendants, c'est-à-dire une sorte de contrepouvoir pour éviter les abus de pouvoir de la part des contrôleurs.

L'inactivité des Commissions des Affaires Economiques et Financières des Parlements africains, en matière de contrôle de la gestion financière des gouvernements (en dehors du vote de la loi de règlement), ne contribue pas non plus à l'amélioration de la gouvernance économique. Il faut pourtant optimaliser la gestion des finances publiques.

Toutes ces insuffisances favorisent la tendance au comportement bureaucratique généralisé dans les pays africains. Mais la dépendance des organes de contrôle, par rapport au pouvoir exécutif dans ces pays, constitue un obstacle majeur à l'amélioration de la gouvernance en Afrique.

3.2. L'indispensable indépendance des organes de contrôle

Leur indépendance est donc une condition indispensable à leur efficacité. Elle doit se traduire dans :

- les rapports avec le pouvoir exécutif ; les organes de contrôle à priori et a posteriori et de contrôle interne devront être indépendants du pouvoir exécutif et/ou des administrateurs/ordonnateurs de dépenses publiques ;

- la procédure de désignation des membres ; elle doit être transparente et basée sur la compétence et l'expérience en théorie et pratique des finances publiques et en comptabilité publique et/ou privée ;

- la durée du mandat des contrôleurs ; les contrôleurs devront être désignés pour une période plus ou moins longue, mais non renouvelable au cours de laquelle ils ne peuvent être démis ;

- la mise à disposition du public des rapports d'inspection à travers la publication dans les médias (journaux, journal officiel, radio, télévision, internet, etc.), ce qui implique que le fautif est, d'abord et avant toute procédure judiciaire éventuelle, jugé par l'opinion publique, donc par ses mandants en dernier ressort ; et une telle disposition permet d'éviter les protections éventuelles des hommes politiques pour les fautifs. Mais, elle requiert une compétence avérée des contrôleurs pour minimiser les risques d'erreur de jugement et asseoir la crédibilité et l'autorité des organes de contrôle.

A cet effet, il faut signaler qu'au Mali, le Vérificateur Général jouit d'une totale indépendance vis-à-vis des Autorités administratives et politiques. Ce qui n'est pas le cas de la plupart des organes de contrôle dans les pays membres de la zone CFA. Alors, pour éviter les pressions politiques, au niveau national, on a instauré des organes de contrôle et de jugement au niveau communautaire, c'est-à-dire dans le cadre de l'UEMOA, de la CEMAC et de la CEDEAO. Ainsi on a créé les Commissions de l'UEMOA et de la CEMAC, les Commissions Bancaires (pour le secteur financier), la Cour de Justice et la Cour des Comptes de l'UEMOA, la Cour de Justice de la CEDEAO ; mais leurs rôles ne semblent pas suffisamment efficaces. On a créé également le FIGE (Forum des Inspections Générales) pour partager les expériences en matière de contrôle. Mais, le partage ne peut être fructueux et contribuer à l'optimalité que si les différentes expériences sont elles-mêmes optimales.

3.3. Les limites de la gestion communautaire actuelle

Pour rendre les organes et les politiques économiques communautaires plus performants, on tente d'harmoniser et de coordonner les politiques budgétaires des pays membres.

Mais, les différences dans les niveaux de développement économique de nos pays rendent la tâche d'harmonisation et de coordination difficile pour l'instant. Sur le terrain proprement scientifique, une politique budgétaire commune ne donnerait de meilleurs résultats que si elle était optimale, dans la mesure où les politiques monétaires supposées « communes » (différenciées plutôt dans la réalité) et sous-optimales, menées dans les pays membres par les banques centrales de la zone CFA, depuis des décennies, ont contribué à réduire la croissance économique en réprimant, de façon significative, les économies des différents pays.

Le véritable problème dans le processus d'intégration des pays de l'UEMOA réside dans le fait qu'à l'époque coloniale, les pays membres avaient commencé le processus à partir de la dernière étape, c'est-à-dire la création et l'usage de la monnaie commune, le Franc CFA. Or, la création de la monnaie commune doit être, selon la théorie économique, la phase achevée du processus d'intégration dans la création d'une union monétaire, après les étapes successives de zone de libres échanges, d'union douanière, de communauté économique au cours desquelles les indicateurs de convergence et l'harmonisation des différentes économies des futurs états membres sont réalisés. Mais, la colonisation française, en créant en 1939, le franc CFA (le franc des Colonies Françaises d'Afrique, transformé en franc de la Communauté Financière d'Afrique à l'indépendance), officialisé le 26 décembre 1946, jour de la déclaration de sa parité au FMI par la France, avait commencé, sans le vouloir ou sans le savoir, et trop tôt, l'intégration monétaire des territoires africains de l'époque, par le sommet au lieu de le faire à partir de la base(les premières phases). Depuis l'indépendance des années 1960 et le premier accord de coopération monétaire avec la France, les pays de la zone CFA tentent laborieusement de réaliser, en faisant le chemin inverse, les différentes étapes normalement antérieures au partage de la monnaie commune.

Mais les problèmes de souveraineté, de compétition feutrée, d'antagonisme ouvert ou nuancé et de leadership entre les pays constituent des obstacles majeurs à lever sur le chemin de la construction d'une véritable union monétaire en Afrique de la zone CFA. Il est grand temps que les africains comprennent que l'impact positif et total de la zone monétaire optimale doit être maintenant effectif pour l'Afrique.

IV. L'EQUATION DE LA BONNE GOUVERNANCE ECONOMIQUE

Tirant argument des paragraphes précédents, on peut dire que la bonne gouvernance économique résulte de l'usage optimal des ressources financières à des fins de développement économique d'un pays. En d'autres termes, elle résulte de l'application du principe de l'optimalité de Pareto dans la collecte et l'allocation des ressources publiques et dans l'exécution des dépenses publiques d'un pays à des fins de développement économique.

Par conséquent, la bonne gouvernance économique requiert que l'on aille nettement au-delà de la « policy mix » traditionnelle de l'UEMOA (Deverajan et watson, 1994 ; Semedo et Villieu, 1997) pour adopter et appliquer une combinaison de politiques monétaire et budgétaire optimales essentiellement basées sur :

- une politique monétaire optimale s'inspirant principalement de la Règle de Taylor, donc sans répression monétaire ;

- une politique fiscale efficace basée sur un taux d'imposition optimale qui ne provoque pas le désinvestissement ;

- l'exécution optimale des dépenses publiques avec des contrôleurs indépendants, compétents et sans comportement bureaucratique.

Tout ceci pourrait être représenté sous forme d'équation qu'on pourrait appeler « l'équation de la bonne gouvernance économique » (cf. l'équation ci-après).

4.1. L'équation

De façon générale, la gouvernance dans un pays est fonction d'un ensemble de paramètres et de comportements économiques. La bonne gouvernance économique dépend donc de la production nationale (Y) mesurée par le produit intérieur brut (PIB) et d'un certain nombre de variables qui rentrent en ligne de compte dans les politiques monétaires (M), fiscales (T) et d'exécution des dépenses publiques (G). Il s'agit précisément des variables suivantes :

- le produit intérieur brut (Y) ;

- la masse monétaire (M) ;

- l'imposition sur le revenu (T) ;

- les dépenses publiques (G) ;

- le niveau d'emprunts obligataires (E_0) ;

- l'indépendance des contrôleurs (I_c) ;

- le financement extérieur (F_x) ;

- le produit de la loterie nationale (L_n) ;

- la compétence des contrôleurs (E_d) ;

- le degré de comportement bureaucratique des agents de l'Etat (B_a)

avec $Y = C + I + G$ en économie fermée.

Soit

$$f(B_g) = f(Y, M, T, G, E_o, I_c, F_x, L_n, E_d, B_a) \quad (38)$$

Si l'on fait l'hypothèse que les contrôleurs de la dépense publique sont indépendants, bien formés et n'ont pas de comportement bureaucratique, alors, l'équation (38) devient

$$f(B_g) = f(Y, M, T, G, E_o, F_x, L_n) \quad (39)$$

Mais, si on considère que E_o, F_x, L_n sont intégrés dans les dépenses publiques (G) et font l'objet de contrôle rigoureux, donc de gestion optimale, alors on peut dire que

$$f(B_g) = f(Y, M, T, G) \quad (40)$$

Ainsi la bonne gouvernance économique est fonction du produit intérieur brut (Y), de la masse monétaire (M), du prélèvement fiscal (T) et de la dépense publique (G) :

$$f(B_g) = f(Y, M, T, G) \quad (41)$$

Dans notre système d'économie ouverte,

$$Y = C + I + G + X - M \quad (42)$$

avec C = Consommation

I = Investissement

G = Dépenses publiques

X = Exportations

M = Importations

Si nous posons que les exportations nettes sont égales à

$$X - M = \overline{X}$$

Alors, l'équation (41) devient

$$f(B_g) = f(Y, M, T, G, \overline{X})$$

Or, les exportations nettes, $\overline{X}$ font l'objet de taxation, et l'effet de taxation est pris en compte dans le taux de prélèvement optimal (T), alors,

$$f(B_g) = f(Y, M, T, G) \qquad (43)$$

Même dans l'hypothèse d'une balance commerciale déficitaire du pays, c'est-à-dire

$$X - M < 0$$

où les conditions de dévaluation seraient réunies, ce qui veut dire qu'en plus de $X - M < 0$, la monnaie du pays est surévaluée (parce que l'indice du taux de change effectif réel est supérieur à 100) et le théorème des élasticités critiques (ou condition de Marshall-Lerner) est vérifié, la décision de dévaluer la monnaie pour corriger le déficit commercial, relève de la politique monétaire et serait prise en compte dans la détermination optimale de la masse monétaire M. Dans ces conditions, l'équation (43) reste la même :

$$f(B_g) = f(Y, M, T, G) \qquad (44)$$

En se référant à l'équation (42) où Y est mesurée par le PIB, la somme des valeurs ajoutées créées, on s'aperçoit que même si l'Etat contribue à sa création, le PIB est principalement le fait des ménages et des entreprises, donc du secteur privé. Dans une économie, l'Etat a pour rôle de créer les conditions (environnement économique et juridique) propices aux activités de production. Par ses politiques économiques (monétaire, fiscale, et de dépense publique) et la définition de l''environnement économique, l'Etat régule la création de richesses (PIB) dans une économie, mais ne gère pas directement la majeure partie du PIB, créée principalement par les ménages et les entreprises. Il n'utilise que la composante G de Y (PIB) dans sa politique budgétaire, déjà prise en compte dans l'équation. De même, dans l'utilisation de M à travers la politique monétaire, l'aspect gouvernance monétaire est également intégré dans l'équation. Or, la gouvernance, telle que nous l'avons définie, c'est la manière dont l'Etat fait usage des ressources financières publiques à des fins de développement économique. Et comme la politique économique au niveau macroéconomique est du domaine de l'Etat et que la variable Y est déjà prise en compte , en partie au niveau de G , une de ses composantes, et en partie ,au niveau de M répondant aux besoins de financements exprimés dans l'économie(en termes de consommation et d'investissement), M, G et T demeurent les seules variables déterminantes sur lesquelles l'Etat peut agir directement. Alors, la formulation définitive de l'équation se présente de façon suivante :

$$f(B_g) = f(M, T, G) \qquad (45)$$

On en conclut que la gouvernance économique dans un pays est fonction de la politique monétaire(M), du taux de prélèvement fiscal (T) et de l'exécution des dépenses publiques(G). En conséquence, seule la conduite combinée et coordonnée de ces trois politiques économiques à leur niveau optimal permet d'atteindre la bonne gouvernance économique dans un pays.

4.2. Détermination et représentation graphiques

L'équation de la bonne gouvernance peut être représentée graphiquement, à partir de la combinaison des courbes de Laffer et de Barro et du diagramme qui permet l'équilibre sur le marché de la monnaie (cf. Figure n°5 du graphique n°5, ci-dessous), équilibre qui s'apparente alors au point d'optimalité. On obtient ainsi le diagramme de la bonne gouvernance économique.

On peut expliquer la détermination graphique ci-dessous, comme suit : la détermination et l'application d'un taux d'imposition optimal t^* permettent de collecter un revenu fiscal optimal R^* (figure n°1) et engendrent un taux de croissance économique g^* (figure 2) selon Barro. Ce taux de croissance, à son tour, permet d'acquérir une production totale optimale Y^* qui se situe elle-même au niveau où l'offre globale (O_g) et la demande globale (D_g) des biens se rencontrent au point d'équilibre C. Ce point C est en même temps l'optimum et correspond au point d'équilibre D de l'offre globale (O_g) et de la demande globale (D_g), déterminé par les courbes IS-LM (figure n°4). A la production optimale Y^* répond une demande de monnaie appropriée, donc optimale M^{d*} avec laquelle l'offre de monnaie M^S s'équilibre au point E où elle rencontre la demande de monnaie(M^d), au taux d'intérêt optimal r^* (figure n°5) préalablement déterminé par les courbes IS-LM.

Graphique n°5

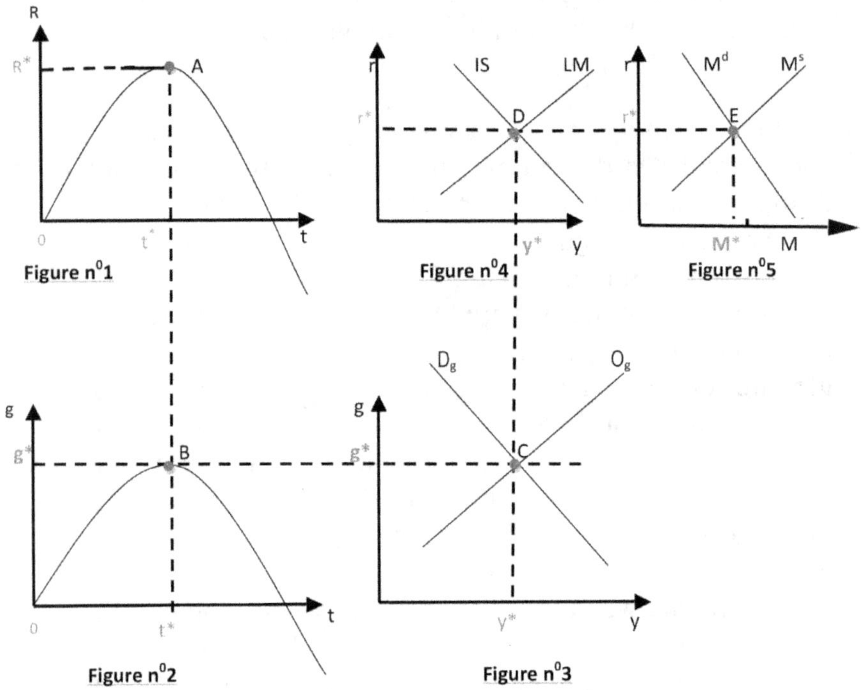

4.3. L'équation de la bonne gouvernance économique dans les pays de l'UEMOA

L'équation de la bonne gouvernance, telle que nous l'avons formulée, permet de résoudre le problème de la gouvernance en Afrique. Dans l'UEMOA, les résultats de son application dépendent d'un certain nombre de conditions :

- l'adoption et l'application stricte d'une politique monétaire communautaire unique et optimale pour permettre à la zone de bénéficier pleinement de l'impact de la théorie de la zone monétaire optimale ;

- l'application d'un taux de pression fiscale optimal par tous les Etats membres grâce au renforcement de la coordination des systèmes d'imposition avec la création d'un organisme communautaire unique de contrôle ;

- l'harmonisation au niveau communautaire de la gestion optimale des dépenses publiques à partir d'un mécanisme et / ou d'organisme communautaires uniques de contrôle.

Or, aucune de ces conditions n'est remplie de nos jours. Malgré l'existence de la zone monétaire et de la monnaie commune (le franc CFA), depuis des décennies, les Etats membres continuent de pratiquer des politiques monétaires différenciées, les différentes directives communautaires ne sont pas correctement suivies, et chaque pays, à travers des réglementations d'exception, continue ses exonérations d'impôt ou institue des taxes spécifiques qui enfreignent les règles et principes communautaires (Mario Mansour et Grégoire Rota-Graziosi, 2012).

Quant à l'exécution optimale communautaire des dépenses publiques, elle peut attendre : à l'absence d'un véritable système ou mécanisme de contrôle communautaire des dépenses publiques, s'ajoute l'inefficacité des organes de contrôle nationaux (pour des raisons déjà évoquées), obstacle majeur à l'amélioration de la gouvernance. Il va falloir pourtant aller à l'essentiel, c'est-à-dire pratiquer la bonne gouvernance économique. Or, l'équation de la bonne gouvernance économique requiert, au niveau communautaire, que l'on combine et conduise simultanément des politiques monétaire, fiscale et de gestion de dépenses publiques optimales. L'Afrique en a la capacité et les moyens, pourvu que la volonté politique se manifeste et mette en place de véritables mécanismes et structures communautaires adéquats au sein des espaces communautaires existants.

CONCLUSION GENERALE

De la revue de la théorie économique contemporaine de la relation entre la croissance économique et la monnaie, nous avons abouti à la conclusion que la répression monétaire réduit le taux de croissance économique. Dans l'économie ivoirienne, retenue comme cas d'étude dans l'UEMOA, la monnaie a été réprimée, non pas par le taux d'intérêt créditeur, mais par le taux d'intérêt débiteur, ce qui a provoqué des effets répressifs sur l'économie. De la constatation exacte que la monnaie joue donc un rôle fondamental dans la croissance économique d'un pays, nous avons passé en revue les différentes politiques économiques, notamment, les politiques monétaires discrétionnaire ou automatique et recusé l'approche monétaire de la balance des paiements dont celle du FMI et la gouvernance monétaire traditionnelle.

La règle de John Taylor permet de mener une politique monétaire optimale dans les pays africains de la zone CFA. Mais l'application de cette règle ne peut, à elle seule, permettre d'acquérir la bonne gouvernance économique. Elle doit être combinée avec des politiques fiscales et d'exécution des dépenses publiques communautaires optimales dans le cadre de l'application de la théorie générale de la gouvernance économique que nous avons formulée et appelée « l'équation de la bonne gouvernance économique ».

Abidjan, le 12 Septembre 2016

ANNEXE

Modèle de Barro

Il s'agit de déterminer le taux d'imposition qui permet de maximiser la croissance économique dans un pays.

Ce taux d'imposition a été déterminé par Barro. Dans son modèle, Barro considère les flux de dépenses publiques (et non le stock d'infrastructures publiques) et fait l'hypothèque que ces dépenses correspondent à un investissement sur un bien public pur, c'est-à-dire dont l'usage est non-rival et non-exclusif. Soit la fonction de production de l'entreprise i :

$$Qi = A_iK^{\alpha}{}_iN_i^{1-\alpha}G^{1-\alpha}$$

Où Qi, Ki, Ni et G sont respectivement la production, le capital, la main d'œuvre et la dépense totale de l'Etat en infrastructures. Sous forme agrégée, on peut écrire :

$$Q = AK^{\alpha}N1-{}^{\alpha}G^{1-\alpha} \qquad (1)$$

qui est à rendements constants dans les facteurs de production privés K et N.

$$F'_K = \alpha Q/K \text{ est décroissant}$$

$$F'_A = F'_N \text{ sont constants}$$

à l'équilibre, on a

$$Q = C+I+G = C+K+\sigma K+G \qquad (2)$$

En supposant que les dépenses publiques (G) sont financées par un impôt proportionnel sur tous les revenus, soit

$$T = tQ$$

Pour assurer l'équilibre budgétaire à chaque période, on peut écrire que

$$T = G$$

Les revenus distribués aux ménages sont alors représentés par

$$(1\text{-}t)\ Q$$

et la fonction de consommation est :

$$C = (1\text{-}s)\ (1\text{-}t)\ Q$$

Ceci permet d'obtenir l'équilibre du marché des biens

$$Q = (1\text{-}s)\ (1\text{-}t)\ Q\text{+}K\text{+}\sigma K\text{+}G$$

Ce qui implique

$$s\ (1\text{-}t)Q = K\text{+}\sigma K \qquad (3)$$

En remplaçant G et tQ, on obtient la fonction de production

$$Q = AK^{\alpha}N^{1\text{-}\alpha}\ (tQ)^{1\text{-}\alpha}$$

Soit

$$Q = t^{1\text{-}\alpha/\alpha}\ A^{1/\alpha}\ KN^{1\text{-}\alpha/\alpha} \qquad (4)$$

Comme A, N et t sont constants, cela nous ramène au modèle AK.

Les équations (3) et (4) permettent d'exprimer l'évaluation du stock de capital

$$K/K = s\ (1\text{-}t)\ t^{1\text{-}\ \alpha/\alpha}\ A^{1/\alpha}\ N^{1\text{-}\alpha/\alpha}\ \text{-}\ \sigma \qquad (5)$$

L'Etat, en fixant le taux d'imposition t, détermine en cela, le montant des dépenses publiques G et le taux de croissance de l'économie.

Ainsi le taux d'imposition optimal est celui qui maximise le taux de croissance, c'est-à-dire :

$$\alpha(K/K) / \alpha t = (-t^{1-\alpha/\alpha} + 1\text{-}\alpha/\alpha\,(1\text{-}t)t^{1-\alpha/\alpha-t})\ sA^{1/\alpha}\,N^{1-\alpha/\alpha}) = 0$$

Ce qui donne

$$t = 1\text{-}\ \alpha/\alpha\ (1\text{-}t)\ , \text{ d'où}$$

$$t^{*} = 1\text{-}\ \alpha$$

L'Etat, par l'intermédiaire du taux d'imposition, fixe une part constante des dépenses publiques d'infrastructures dans l'économie.

$$(G/Q) = t = 1\text{-}\ \alpha$$

Les coefficients de corrélation dans l'économie ivoirienne

	croissance	Taux d'escompte	Taux d'int. déb
Croissance	1		
Taux d'escompte	0,898265	1	
Taux d'int.déb	0,876397	-0,886126	1

Source : Tiré du tableau n° 3

	Taux d'int. créd	croissance	monnaie
Taux d'int. créd	1		
croissance	-0,728282	1	
monnaie	-0,82541	0,930078	1

Source : Tiré du tableau n°4

Théorème de Haavelmo

Soit

$$Y = y_o + c\,(Y - T) + I + G \qquad (1)$$

Y = la production, c'est-à-dire le revenu avant impôts de ménages

y_o = partie constante de Y

C = propension marginale à consommer

I = investissement

T = impôts

G = dépenses publiques

Y – T = revenus des ménages après impôts

Alors

$$Y = 1/1 - c\,(y_o + I + G - cT) \qquad (2)$$

Si l'on fait l'hypothèse d'une augmentation du budget sans modification du solde budgétaire, c'est-à-dire que $\Delta G = \Delta T$, alors

$$Y + \Delta Y = 1/1\text{-}c\,[\,y_o + I + (G + \Delta G) - c\,(T + \Delta G)\,] \qquad (3)$$

Par soustraction de (2) de (3), on obtient

$$\Delta Y = 1/1\text{-}c\,[\,(\Delta G) - c\,(\Delta G)\,]$$

$$\Delta Y = 1/1\text{-}c\,[\,(1\text{-}c)\ \Delta G)\,] = \Delta G \qquad (4)$$

$$\Delta Y = \Delta G \qquad (5)$$

Economy Rankings

EXPLORE ECONOMY DATA

Economies are ranked on their ease of doing business, from 1–189. A high ease of doing business ranking means the regulatory environment is more conducive to the starting and operation of a local firm. The rankings are determined by sorting the aggregate distance to frontier scores on 10 topics, each consisting of several indicators, giving equal weight to each topic. The rankings for all economies are benchmarked to June 2015.

▦ = Subnational *Doing Business* data available.

Ranking Methodology

Explanation of how the ease of doing business rankings and the distance to frontier measure are calculated (PDF).

Rankings by region: Select region ▾ or Rankings by income: Select income ▾

PRINT EXCEL

Economy	Ease of Doing Business Rank ▲	Starting a Business	Dealing with Construction Permits	Getting Electricity	Registering Property	Getting Credit	Protecting Minority Investors	Paying Taxes	Trading Across Borders	Enforcing Contracts	Resolving Insolvency
Singapore	1	10	1	6	17	19	1	5	41	1	27
New Zealand	2	1	3	31	1	1	1	22	55	15	31
Denmark	3	29	5	12	9	28	20	12	1	37	9
Korea, Rep.	4	23	28	1	40	42	8	29	31	2	4
Hong Kong SAR, China	5	4	7	9	59	19	1	4	47	22	26
United Kingdom	6	17	23	15	45	19	4	15	38	33	13
United States *	7	49	33	44	34	2	35	53	34	21	5
Sweden	8	16	19	7	11	70	14	37	17	24	19
Norway	9	24	26	18	13	70	14	14	45	8	6
Finland	10	33	27	16	20	42	66	17	32	30	1
Taiwan, China	11	22	6	2	18	59	25	39	65	16	21
Macedonia, FYR ▦	12	2	10	45	50	42	14	7	26	26	37
Australia	13	11	4	39	47	5	66	42	89	4	14
Canada	14	3	53	105	42	7	6	9	44	49	16
Germany	15	107	13	3	62	28	49	72	35	12	3
Estonia	16	15	16	34	4	28	81	30	24	11	40
Ireland	17	25	43	30	39	28	8	6	48	93	20
Malaysia	18	14	15	13	38	28	4	31	49	44	45
Iceland	19	40	45	8	15	59	20	36	64	35	15
Lithuania	20	8	18	54	2	28	47	49	19	3	70
Austria	21	106	47	17	26	59	36	74	1	6	18
Latvia	22	27	30	65	23	19	49	27	22	25	43
Portugal	23	13	36	25	27	97	66	65	1	20	8
Georgia	24	6	11	62	3	7	20	40	78	13	101
Poland ▦	25	85	52	49	41	19	49	58	1	55	32
Switzerland	26	69	56	5	16	59	105	19	40	46	44
France	27	32	40	20	85	79	29	87	1	14	24
Netherlands	28	28	85	43	30	79	66	26	1	91	11
Slovak Republic	29	68	84	48	5	42	88	73	1	63	33
Slovenia	29	18	71	35	36	126	7	35	1	117	12

United Arab Emirates	31	60	2	4	10	97	49	1	101	18	91
Mauritius	32	37	35	41	99	42	29	13	66	27	39
Spain	33	82	101	74	49	59	29	60	1	39	25
Japan *	34	81	68	14	48	79	36	121	52	51	2
Armenia	35	5	62	99	14	42	49	41	29	28	71
Czech Republic	36	93	127	42	37	28	57	122	1	72	22
Romania	37	45	105	133	64	7	57	55	1	34	46
Bulgaria	38	52	51	100	63	28	14	88	20	52	48
Mexico *	38	65	67	72	106	5	57	92	59	41	28
Croatia	40	83	129	66	60	70	29	38	1	10	59
Kazakhstan	41	21	92	71	19	70	25	18	122	9	47
Hungary	42	55	88	117	29	19	81	95	1	23	65
Belgium	43	20	54	53	132	97	57	90	1	53	10
Belarus	44	12	34	89	7	109	57	63	25	29	69
Italy	45	50	86	59	24	97	36	137	1	111	23
Montenegro	46	59	91	163	79	7	36	64	42	43	36
Cyprus	47	64	145	67	92	42	25	44	43	143	17
Chile	48	62	24	51	56	79	36	33	63	56	58
Thailand	49	96	39	11	57	97	36	70	56	57	49
Peru	50	97	48	64	35	15	49	50	88	69	74
Russian Federation *	51	41	119	29	8	42	66	47	170	5	51
Moldova	52	26	170	104	21	28	36	78	33	67	60
Israel	53	56	96	91	127	42	8	103	58	77	29
Colombia	54	84	38	69	54	2	14	136	110	180	30
Turkey	55	94	98	36	52	79	20	61	62	36	124
Mongolia	56	36	25	134	44	59	8	91	74	80	89
Puerto Rico (U.S.)	57	51	135	57	164	7	88	134	93	100	7
Costa Rica	58	121	49	23	53	7	166	80	67	124	87
Serbia	59	65	139	63	73	59	81	143	23	73	50
Greece	60	54	60	47	144	79	47	66	27	132	54
Luxembourg	61	80	14	28	89	167	122	21	1	17	80
Rwanda	62	111	37	118	12	2	88	48	156	127	72
Azerbaijan	63	7	114	110	22	109	36	34	94	40	84
Jamaica	64	9	72	80	122	7	57	146	146	107	35
Bahrain	65	140	9	77	25	109	111	8	85	101	85
Kosovo	66	47	136	124	32	28	57	67	71	48	163
Kyrgyz Republic	67	35	20	160	6	28	36	138	83	137	126
Qatar	68	109	8	111	28	133	122	1	119	112	51
Panama	69	44	70	32	84	19	66	166	54	148	132
Oman	70	149	46	60	33	126	134	10	69	70	105
Bhutan	71	91	79	50	51	79	115	28	21	50	189
Botswana	72	143	97	122	70	70	81	71	51	128	56

South Africa	73	120	90	168	101	59	14	20	130	119	41
Tunisia	74	103	57	38	86	126	105	81	91	81	57
Morocco	75	43	29	55	76	109	105	62	102	59	130
San Marino	76	113	64	10	80	181	122	32	18	82	106
St. Lucia	77	67	50	26	104	152	66	83	72	67	109
Tonga	78	53	22	61	154	42	115	82	87	97	131
Bosnia and Herzegovina	79	175	171	119	97	42	66	154	28	66	38
Malta	80	132	83	86	96	174	36	25	39	61	83
Guatemala	81	101	106	21	75	15	174	50	78	173	153
Saudi Arabia	82	130	17	24	31	79	99	3	150	86	189
Ukraine	83	30	140	137	61	19	88	107	109	98	141
Brunei Darussalam	84	74	21	68	148	79	134	16	121	113	98
China *	84	136	176	92	43	79	134	132	96	7	55
El Salvador	86	125	156	107	71	15	155	162	46	109	79
Uzbekistan	87	42	151	112	87	42	88	115	159	32	75
Fiji	88	167	111	78	55	79	111	108	73	88	89
Trinidad and Tobago	88	72	144	27	151	42	36	114	114	167	67
Vietnam	90	119	12	108	58	28	122	168	99	74	123
Dominica	91	63	115	37	165	133	66	98	61	83	129
Uruguay	92	61	160	40	110	59	122	130	153	104	64
Dominican Republic	93	110	44	149	82	97	81	77	57	115	159
Vanuatu	94	147	143	82	81	28	134	54	134	139	110
Seychelles	95	131	123	139	67	109	105	43	86	138	63
Samoa	96	39	93	52	65	152	57	100	151	79	133
Albania	97	58	189	162	107	42	8	142	37	96	42
Zambia	97	78	110	123	157	19	88	46	152	134	107
Nepal	99	105	78	131	72	133	57	124	60	152	86
Paraguay	100	135	55	96	78	79	144	111	135	75	102
Kuwait	101	148	133	128	68	109	66	11	149	58	122
Namibia	101	164	66	76	174	59	66	93	118	103	97
Philippines	103	165	99	19	112	109	155	126	95	140	53
Antigua and Barbuda	104	107	95	33	118	152	66	161	114	19	125
Swaziland	105	156	80	155	113	70	134	79	30	175	96
Bahamas, The	106	118	94	114	183	133	111	24	97	60	61
Sri Lanka	107	98	77	81	153	97	49	158	90	161	78
Kenya	108	151	149	127	115	28	115	101	131	102	144
Indonesia *	109	173	107	46	131	70	88	148	105	170	77
Honduras	110	150	87	143	88	7	134	155	136	150	139
St. Vincent and the Grenadines	111	77	59	79	160	152	66	97	68	31	189
Solomon	112	95	58	90	158	79	105	68	141	160	137

Islands											
Jordan	113	88	103	56	98	185	163	52	50	126	146
Ghana	114	102	132	121	77	42	66	106	171	116	161
Lesotho	114	112	172	147	108	152	99	109	36	85	117
Brazil *	116	174	169	22	130	97	29	178	145	45	62
Ecuador	117	166	74	97	69	97	115	139	120	99	148
Iran, Islamic Rep.	118	87	69	88	91	97	150	123	167	62	140
Barbados	119	100	158	87	134	126	166	99	127	164	34
Belize	120	159	81	73	128	162	122	69	117	133	81
Argentina	121	157	173	85	116	79	49	170	143	38	95
Uganda	122	168	161	167	120	42	99	105	128	78	104
Lebanon	123	114	130	116	103	109	134	45	147	135	134
St. Kitts and Nevis	124	90	32	84	170	152	88	147	70	42	189
Nicaragua	125	123	168	94	147	97	150	165	81	94	103
Cabo Verde	126	75	104	140	74	109	163	94	106	47	189
Cambodia	127	180	181	145	121	15	111	95	98	174	82
Maldives	128	48	41	141	171	126	134	128	137	95	135
West Bank and Gaza	129	170	162	75	95	109	144	56	84	90	189
India *	130	155	183	70	138	42	8	157	133	178	136
Egypt, Arab Rep.	131	73	113	144	111	79	122	151	157	155	119
Tajikistan	132	57	152	177	102	109	29	172	132	54	147
Mozambique	133	124	31	164	105	152	99	120	129	184	66
Lao PDR	134	153	42	158	66	70	178	127	108	92	189
Grenada	135	76	100	58	139	133	122	132	138	89	189
Palau	136	116	101	138	46	79	182	131	155	130	166
Guyana	137	92	138	165	125	167	99	117	139	87	156
Pakistan *	138	122	61	157	137	133	25	171	169	151	94
Tanzania	139	129	126	83	133	152	122	150	180	64	99
Marshall Islands	140	71	63	125	189	79	178	125	75	65	167
Malawi	141	161	65	175	93	152	115	102	123	147	164
Côte d'Ivoire	142	46	180	146	109	133	155	176	142	120	76
Burkina Faso	143	78	76	183	149	133	144	153	103	163	112
Mali	143	172	152	151	140	133	166	149	82	149	100
Papua New Guinee	145	138	127	98	119	167	99	110	163	169	138
Ethiopia	146	176	73	129	141	167	166	113	166	84	114
Sierra Leone	147	99	142	178	159	152	88	129	164	105	142
Micronesia, Fed. Sts.	148	162	141	103	189	70	185	116	53	181	116
Kiribati	149	142	137	173	142	162	122	23	112	114	189
Togo	150	133	179	109	182	133	155	163	126	125	93
Gambia, The	151	169	117	153	124	162	163	177	104	110	111
Burundi	152	19	165	185	94	174	115	111	154	146	145
Senegal	153	85	148	170	152	133	155	183	113	145	88
Comoros	154	163	116	132	123	109	144	167	80	179	189
Zimbabwe	155	182	184	161	114	79	81	145	100	166	152
Suriname	156	183	109	93	176	174	166	75	77	186	128
Bolivia	157	178	150	101	143	126	144	189	124	136	92

Benin	158	115	82	179	172	133	150	179	116	168	112
Sudan	159	146	146	102	89	167	166	140	184	142	154
Niger	160	134	178	169	126	133	166	156	158	154	121
Iraq	161	154	147	106	117	181	115	59	178	122	189
Gabon	162	144	164	154	173	109	155	158	165	171	120
Algeria	163	145	122	130	163	174	174	169	176	106	73
Madagascar	164	128	182	188	161	167	105	76	125	153	127
Guinea	165	126	166	159	146	133	166	184	161	118	108
São Tomé and Príncipe	166	31	121	115	162	185	185	164	111	182	158
Myanmar	167	160	74	148	145	174	184	84	140	187	162
Mauritania	168	70	112	152	100	162	134	187	160	71	189
Nigeria *	169	139	175	182	181	59	20	181	182	143	143
Yemen, Rep.	170	152	89	150	83	185	122	135	189	129	151
Djibouti	171	171	124	172	168	181	174	85	162	183	68
Cameroon	172	137	159	113	175	126	134	180	185	159	118
Timor-Leste	173	104	154	95	189	162	81	57	92	189	189
Bangladesh *	174	117	118	189	185	133	88	86	172	188	155
Syrian Arab Republic	175	127	189	120	136	167	88	119	173	157	157
Congo, Rep.	176	177	120	176	166	109	150	182	177	158	115
Afghanistan	177	34	185	156	184	97	189	89	174	172	160
Guinea-Bissau	178	179	163	184	150	133	155	152	148	162	189
Liberia	179	37	174	180	178	109	182	118	183	176	168
Equatorial Guinea	180	187	157	135	156	109	144	175	175	108	189
Angola	181	141	108	166	169	181	66	141	181	185	189
Haiti	182	188	167	136	179	174	187	143	76	123	189
Chad	183	185	133	181	155	133	155	186	168	156	149
Congo, Dem. Rep.	184	89	131	174	135	133	174	173	187	165	189
Central African Republic	185	189	155	186	167	133	150	185	144	177	149
Venezuela, RB	186	186	125	171	129	109	178	188	186	141	165
South Sudan	187	181	177	187	180	174	181	104	179	76	189
Libya	188	158	189	126	189	185	188	160	107	131	189
Eritrea	189	184	189	142	177	185	122	174	189	121	189

* The rankings of economies with populations over 100 million as of 2013 (Bangladesh, Brazil, China, India, Indonesia, Japan, Mexico, Nigeria, Pakistan, the Russian Federation and the United States) are based on data for 2 cities.

BIBLIOGRAPHIE

ACHESON, K. 1971, "The theory of monetary instruments and the theory of bureaucracy" ; Public Choice vo1.11, Spring.

ACHESON, K. et CHANT S., 1973, "Bureaucracy theory and the choice of central bank goals", Journal of Money, Credit and Banking, vol.4, PP.40-48.

AGENOR, Pierre-Richard et, Montiel J. Peter, 1996, *Development Macroeconomics*, Princeton University Press, 679P.

AKYUZ, Yilmaz, 1991, "Financial liberalization in developing countries: a neo Keynesian approach", United Nation Conference on trade and development in Geneva, discussion paper N° 36.

ALLAIS, Maurice, 1989, "Les conditions monétaires d'une économie de marches, prolégomènes pour une réforme", communication pour L'Association Française de Sciences Economiques.

ALFARO, Laura et FABIO, Kanczuk, 2007, dette publiques-modèles mathématiques.

ALFARO, Laura, 2007, « Debt maturity, "is long term debt optimal ?"

ANDERLINI, L, 1989, ''Theoretical modelling of banks and bank runs", Hann Frank,
The economics of missing markets, information and games, clarenton press, Oxford, PP.288-311.

ANDO, A. et MODIGLIANI, F, 1963, "The life cycle hypothesis of saving: aggregate implications and tests", American Economic Review, vo1.53, PP.55-84.

ARROW, Kenneth, 1963, *Social choice and individual values*, Wiley, New York.

ARROW, Kenneth, 1953, "The role of securities in the optimal allocation of risk bearing", Review of Economic studies, vol.31, PP.91-96.

ASSIDON, Elsa, "Le développèrent financier entre stabilisation et libéralisation financières.
Voies de recherche sur un maillon manquant", séminaire de DEA, Université de Versailles, Saint-Quentin-en-Yvelines.

AZAM, Jean-Paul, 1986, *Théorie macroéconomique et monétaire*, Editions NATHAN, Paris, 320 P.

AZARIADIS, C., 1981, "Selffulfilling prophecies", Journal of Economic Theory, Vo1.25, PP .380-396.

BACHELLERIE, Adeline et COUILLAULT, Bertrand, "Soutenabilité de la dette publique et crise des pays émergents : présentation des concepts et des instruments de diagnostic.

BALASSA, Bala, 1989, "The effects of interest rates on saving in development countries", Banca Nationale del Lavaro Quarterly Review, PP.101-118.

BANQUE MONDIALE, 1991, *Rapport sur Ie développement dans Ie monde.*

BANQUE MONDIALE, 1993, *Gouvernance : L'expérience de la banque mondiale*, département de la politique opérationnelle.

BANQUE MONDIALE, Mars 1989, *Finance et Développement*, PP.21-24.

BARRO, Robert, 1992, "World interest rate and investment" Scandinavian Journal of Economics, vo1.56, PPA07-443.

BARRO, Robert, 1991, "Economic growth in cross section of countries", Quarterly Journal of Economics, vo1.94, PP .323-334.

BARRO, R, T, 1990, "Government spending in a simple model of endogenous growth".

BHATTACHARYA, S. et GALE, D., 1987, "Preference stocks, liquidity and central bank policy", Cambridge University press.

BENCIVENGA, Valerie, 1991, "Financial intermediation and endogenous growth", Revue of Economic Studies, vo1.58, PP.195-209.

BLINDER, A., 1987, "Credit rationing and effective supply failures", Economic Journal, vol. 97, PP.327-3S2.

BLINDER, A, et BERNANKE, and Joseph STIGLITZ, 1983, "Money, credit constraints, and economic activity", American Economic Review, vo1.73, PP.297-302

BOSKIN, Michael, 1978,"Taxation, saving, and the rate of interest", Journal of Political Economy, vol.86, PP.3-27.

BRAMOUILLE, Gerard et AUGEY, Dominique, 1998, *Economie Monétaire*, Edition Dalloz, 473 P.

BRANSON, William, 1979, *Macroeconomic theory and policy*, Harper and Row, Publisher, New York, 556 P.

BREMOND, Janine, 1989, Les économistes néo-classiques, Editions Hatier, Paris, 1989, 249 P.

BROWN, S. William, 1988, *Macroeconomics*, 556 p.

BRYANT, R, 1980, *Evaluation of policy regimes: new research in empirical macroeconomics*, Brooking Institution.

BUCHANAN, James, et TOLLISON, R, 1972, *The theory of public choice*, University of Michigan press.

BUCHANAN, J. et TULLOCK, G., 1962, *The calcus of consens : logical constitution of constitutional democracy*, University of Michigan Press.

CACHIN, Antoine, 1976, "L'approche monétaire de la balance des paiements et les monétaristes", Revue Banque, PP .30-41.

CANTILLON, 1755, *Essai sur la nature du commerce en général*, réédition INED, Paris (1952).

CHARI, V. et JAGANNATHAN, R, 1988, "Banking panics, information and rational expectations equilibrium", Journal of Finance, Vol. 63, N°3, PP.749-763.

CHAINEAU, Andre, 1987, *Qu'est-ce la monnaie*, ed Economica, 210P.

Cline, W, 1984, *international debt : systematic risk and policy response*, Cambridge , mass. MIT Press.

CHAINEAU, André, 1990, *Mécanisme et Politique monétaires*, Edition PUF) Paris, 346 P.

CUDDINGTON, John, 1986, "Capital flight: issues, estimates and explanations", Princeton studies in international finance.

CRETTEZ, Bernard, 2003, « Jusqu'où l'Etat peut-il s'endetter ? Une approche des générations imbriquées », Actualité Economique, vol 79 du 3 septembre 2003. 2002, « Optimal monetary policy, taxes and public debt in an intertemporal equilibrium », Journal of Public Economic policy, vol 4.

DE BOISSIEU, Christian, 1985, "Contrainte externe et arriérés des paiements intérieurs de l'Etat», Economie et Sociétés, Vol. X, N° 9, PP.137-145.

DE LA FUENTE, Angel et MARIN, Jose Maria, 1993, "Innovation, bank monitoring and endogenous financial development", Université de Barcelona.

DEVERAJAN, S, et WATSON, M, 1994 « Preserving the CFA Zone » World Bank Policy Researh Working Paper, World Bank, Washington, D.C.

DIAMOND, Douglas and DYBVIG, Philip, 1983, "Bank runs, Deposit insurance, and liquidity" Journal of Political Economy, vol.91, PP.401-419.

DJELHI-YAHOT, A, 2001, " la crise de liquidité dans l'économie ivoirienne des années 1980-1990.

DOMAR, E.D, 1957, *Essays in the theory of economic growth.*

DOOLEY, Michael, 1986, "Country-specific risk premiums, capital flight and net investment Income payments in selected developing countries", IM~ staff papers, Washington, D.C.

DOOLEY, Michael, 1988, "Capital flight; a response to differences in financial risks", IMF staff papers, Washington, DC.

DORNBUSCH, Rudiger and REYNOSSO, Alejandro, 1989, "Financial factors in economic Development", American Economic Review, vo1.79, PP.204-209.

DOWNS, A, 1957, *An economic theory of bureaucracy*, Harper and Row, New York, 250P.

DOWNS, A, 1965, "A theory of bureaucracy", American Economic Review, PP .20-30.

DOWD, Kevin, 1989, The state and the monetary system, Philip Allan, 260P.

DRAZEN, Alan, 1981, "Inflation and capital accumulation under a finite horizon", Journal of Monetary Economics, voL8, PP.247-260.

DUBOIS, Jean-Luc, 1999, Les conditions de vie des ménages et leur intégration dans la Politique économique : vers un développement social durable, thèse de doctorat, Université de Versailles-St-Quentin-en-Yvelines, 228P.

EATON, Jonathan, 1987, "Public debt guarantees and private capital flight", World Bank Economic Review.

EBOUE, Chicot, 1990, "les effets macroéconomiques de la répression financière dans les pays en voie de développèrent", Economie Appliquée, Tome LXIII, n04, PP.93-121.

ENSEA, 2010, « recherche d'un niveau soutenable et optimal de l'endettement dans l'UEMOA ».

EVAN, George, 1988, "The fragility of sunspots and bubbles", Journal of Monetary Economics, vol.23, PP.297-317.

FAMA, Eugene, 1980, "Banking in the theory of finance", "Journal of Monetary Economics, voL15, PP.39-57.

FARMER, Roger, 1988," What is liquidity crisis", Journal of Economic Therory voL46, PP. 1-15.

FARMER, Roger, 1985, "Implicit contracts with asymmetric information and bankruptcy: The effect of interest rates on layoff', Review of Economic Studies, vo1.52, PP: 427-442.

FARMER, Roger, 1984, "A new theory of aggregate supply", the American Economic Review, vol. 74, PP. 921-930.

FISHER, Irwing, 1911, *The purchasing power of money*, Macmillan company, 515 P.

FISHER, Stanley, 1993, "The role of macroeconomic factors in growth", Journal of Monetary Economics, vol. 32, PP.485-512.

FISHER, Stanley, 1990,"Rules versus discretion in monetary policy", Handbook of monetary economics, PP.1169-1170.

FISHER, Stanley, 1979, "Capital accumulation on the transition Path in monetary optimizing model", Econometrica, vol. 47, PP.1433-1439.

FLOUZAT, Denise, 1974, *Economie contemporaine Tome*' II, Presses Universitaires de France, Paris, 566 P.

F.M.I, 1991, World debt statistics.

FRIEDMAN, Milton, et SCHWARTZ, Anna, 1963, A monetary-history of the United States, 1867-1960, Princeton University Press, 860 P.

FRIEDMAN, Milton, 1983, *Prix et théorie économique*, Editions Economica, Paris, 375 P.

FRIEDMAN, Milton, 1968, "The role of monetary policy", American Economic Review, vol.6, PP.1-17.

FRIEDMAN, Milton, 1956, *The quantity Theory of Money: A Restatement*, University of Chicago Press, Chicago.

FRIEDMAN, Milton, 1957, "A theory of the consumption fonction", National Bureau of Economic Research.

FRIEDMAN, Milton, 1993, *La monnaie et ses pièces*, Edition DUNOD, 270 P.

FRY, Maxwell, 1995, *Money, interest rate and banking in economic development*, the John Hopkins University Press, 568 P.

FRY, Maxwell, 1993, "Foreign direct investment in Southeast Asia: differential impacts", Institut of Southest Asia

FRY, Maxwell, 1993, "Monetary policy reaction to foreign debt accumulation in developing countries", Manchester school of economic and social studies, PP.60-74.

FRY, Maxwell, 1978, "Money and capital or financial deepening in economic development", Journal of Money, Credit and Banking, vol..B, PP.535-54S.

FRY, Maxwell, 1981, "Interest rates in Asia", IMF, Washington D.C.

FRY, Maxwell, 1984, "Saving, financial intermediation and economic growth in Asia", Asian Development Review., PP.82-91

FRY, Maxwell, 1991, "Domestic ressource mobilization in developing Asia", Asian Development Review, vol.2, PP.15-39.

GERVASIO, Semedo et VILLlEU, Patrick, 1987, *La Zone Franc, mecanismes et perspectives macroeconomiques*, ed. Ellipses. 275P.

GIAVAZZI, F.et PAGANO, M, 1990, « Can severe Fiscal Contraction be expansionary? » Tales of two small European countries, NBER, Macroeconomics, I MIT Press, Cambridge, MA, PP95-122.

GIAVAZZI, F, JAPELLT, T et PAGANO, M, 2000, "Searching for non-linear effets of fiscal policy : evidence from industrial and developing countries", European Economic Review, vol 44, n°7 PP1259-1289.

GOLDMAN, Sachs, 1996, T*he International Economic Analyst*, vol II, issue 8, Juin.

GORDON, David at BARRO, Robert, 1983, "Rules, discretion and reputation in a model of monetary policy", Journal of Monetary Policy, vo1.12, PP.101-121.

GORDON, David, 1983, "Development finance company, state and privately owned: a review", World Bank staff paper, Washington, D.C

GORTON, G, 1988, "Banking panics and business cycles", Oxford Economic Papers, vol. 40 PP. 751-781.

GREENWOOD, Jeremy and BRUCE Smith, 1993, "Financial markets in development and The development of financial markets", University of Rochester.

GROSSMAN, Herschel, 1986, "Seigniorage, Inflation, and Reputation". Journal of Monetary Economics, Vol. 18, PP.21-31.

GROSSMAN, Herschel, May 1990, "Inflation and Reputation with generic policy references", Journal of Money, Credit, and Banking, vo1.22, nO 2, PP.165-177.

GUILLAUMONT, Patrick et Sylvianne, 1988, *Stratégies de développements comparées zone franc et hors Zone Franc*, Editions Economica, Paris, 765 P.

GUILLAUMONT, Sylvianne, 1985, Cours de théorie de la demande de Monnaie, Clermont-Ferrand.

HAAVELMO, T, 1945, « the multiplier effects of a balanced budget," Econometrica, volume 13

HAHN Franck, 1984, *Monnaie et inflation*, Ecinomica,134P.

HALLWOOD, P and R. MACDONALD, 2000, International money

and Finance," Blackwell Publishing.

HARROD, R.F, 1939, "Essay in dynamic theory", Economic Journal, vol. 49, PP.14-33.

HARROD, R.F, 1960, "Second essay in dynamic theory", Economic Journal, vo1.70, PP.277-293.

HAYASHI, F, 1985, "The effect of liquidity constraints on consumption: a cross sectional analysis", Quarterly Journal of Economics, vol.100, PP .185-206.

HICKS, John, '' Money, interest and wages, vol.2 of collected essays in economic theory, Oxford..

HYDEN, G, et BRATTON, M, 1992, *Gouverner l'Afrique*, Nouveaux Horizons.

HILLIER, Brian and Worral, Tim, 1994, "The welfare implications of costly monitoring in the credit market", Economic Journal, vo1.104, PP.350-362.

HUME, David, 1752, *Political discourse.*

JACKLIN, C, et BHATTACHARIA, S. 1988, "Distinguishing panics and information based bank runs: welfare and policy implication", Journal of Political Economy, vo1.96, PP .568-592.

JACQUD, Gilles, 1994, *La Monnaie dans l'économie*, Editions Nathan, 239 P.

JAFFEE, D. et MODIGLIANI, F., 1969, “A theory and test of credit rationing”, American’ Economic Review, vol. 59, PP .850-872.

JAFFEE, O et J. STIGLITZ, J, J, 1990, *Credit rationing*, chapître 16 du Handbook of Monetary economics, edited by B. Friedman et F. Hahn.

JAFFRE, Philippe, 1996, *Monnaie et politigue monétaire*, edition Economica, 353P.

JOHNSON, Harry, 1965, *Monetary theory and policy in survey of economic theory*, Mac Millan, Londres, 275P.

JOHNSON, Harry, 1972, *Macroeconomics and monetary theory*, Ed. Aldine Publishing company, 213 P.

JOHNSON, Harry, 1969, “Inside money, outside money, Income, Wealth and Welfare in contemporary monetary theory”, Journal of Money, Credit and banking, vol. 1, PP.30-45.

JOHNSON, H.G, 1972, “Macroeconomis and monetary théorie”, Aldine Publishing Company.

KALECKI, Michael, 1971, *Selected essays on the dynamics of the capitalist economy*, Cambridge University press, 250P.

KALECKI, Michael, 1939, *Essays in theory of economic fluctuations*, Allen and Unwin, London, 272P.

KAPUR, Basant, Sept.1975, "Monetary Growth Models of less developed economies", Ph.D. thesis, Stanford University, Stanford.

KAPUR, Basant, August 1976, "Alternative stabilization policies for less-developed economies", Journal of Political Economy, vol. 84, PP.777-795.

KAPUR, Basant, 1983, "Optimal financial and foreign exchange liberalization of less developed countries", Quarterly Journal of Economics, vol. 98, PP.41-62.

KAUFMAN, George, 1988, "Causes, benefits, and costs", Cato Journal vol.7, n° 3, PP .559-582.

KEHO, Yaya, 2008, "une évaluation quantitative des pertes liées aux taux de pression fiscale actuels en Côte d'Ivoire », CAPEC.

KEYNES, J.M, 1936, *Théorie Générale de l'Emploi, de l'intérêt et de la monnaie*, édition 1969, Paris.

KING, Robert, and ROSS Levine, 1993, "Finance and growth: Schumpeter might be right", Quarterly Journal of Economics, vol. 108, PP.717-737.

KINBERGER, April 1987, T*he Cote d'Ivoire in transition from. Structural adjustment to self sustained growth*, International Economics, BIRD.

KOHSAKA, Akira, 1984, "The high interest rate policy under financial repression", Developing Economics, vol.22, PP.419-452.

KOUAME, Patrice, 1988, I*ntégration monétaire et croissance économique en Afrique de l'Ouest*, NEA, Abidjan, 210P.

KRUEGER, Anne, 1987, "Debt, capital flows, and LDC growth", American Economic Review, vol. 77, PP.159-164.

KYDLAND, F., and PRESCOTT, E.C., 1977, "Rules rather than discretion: the inconsistency of optimal plan", Journal of Political Economy, vol.7, PP.443-489.

KRUGMAN,'Paul, 1978, "Interest rate ceilings, efficiency and growth: a theoretical approach", Yale University.

LAIDLER, W. David, 1985, *The demand for money*, ed. Harper et Row, 310P.

LE PAGE, Jean Marie, 1993, *Economie Monétaire*, Editions Cujas, 224 P.

LEHMANN, Paul-Jacques, 1997, *Economie monétaire*, Edition seuil, 282P.

LEVINE, Ross, sept1991, "Stock markets, growth and tax policy", Journal of Finance, vol. 66, PP.1445-1465.

LEVINE, Ross, juin 1993, "Financial structures and economic development", Revista de Analysis Economica, vol. 8, PP.113-129.

LITTERMAN, Robert and WEISS, Laurence, 1985, "Money, real interest rates, and output reinterpretation of postwar US data", Econometrica, vol.51 , PP .129-156.

LOCKE, John, 1695, *Further considerations concerning raising the value of money*, A. & J. Churchill, London.

MAKINEN, 1:. GAIL, 1977, "Money, the price level and interest rates: an introduction to monetary Theory", Printice Hall Inc, 442 p.

MAL THUS, T, 1827, *Principles of political economy*, London.

MANSOUR, Mario and ROTA-GRAZIDSI, Grégoire, 2012, Tax "Coordination in the West African Economic and Monetary Union", Revue Economique du Development, vol, 26, P9-34

MANKIW, Gregory, 2003 "*Macroeconomics (fifth edition)*", Worth Publisher.

MARINI, C., 1992, "Les fondements microéconomiques du concept de panique bancaire : une introduction", Revue Economique, vo1.45, nO 2, PP.301-326.

MATHIESON, Donald, 1980, "Financial reform and stabilization policy in a developing country" a developing , vol. 7, PP.359-395

MC CALLUM, Bennet, 1993, "Discretion versus policy rules in practice: two critical points, a comment", Carnegie-Rochester Conference Series on public policy, Vol. 39, PP.215-220.

MCKINNON, Donald, 1981, "Financial repression and the liberalization problem within less developed countries", Sveu Grassman

MCKINNON, Donald, 1986, *Domestic interest rates and foreign capital flows in liberalizing economy*, Stanford University.

MCKINNON, Donald, 1973, *Money and capital in economic development*, Brooking institution.

MIKOL, Alain, 1989, *Gestion comptable et Financière*, Editions Presses Universitaires de France, Paris, 128 P.

MIRLEES, A. James, 1971, "An exploration in the theory of optimal Income Taxation", Review economic studies, vol 38, P 17-208.

MODIGLIANI, Franco, June 1986, "The life cycle, individual thrift, and the weath of nations", American Economic Review, vol.76, PP.297-313.

MOURGUES, Michelle (de), 1993, *La Monnaie, système financier et théorie monétaire*, Edition Economica, 696P.

MOURGUES, Michelle, 2000, *Macroéconomie monétaire*, édition Economica., 665P.

MUNDELL, Robert, 1965, "Growth, stability and inflationary finance", Journal of Political Economy, vol.73, PP.97-109..

MUNDELL, Robert, 1971, "Inflation and the real rate of interest", Journal of Political Econorny, vol.71 , PP.280-283.

NASSER ARY TANIMOUNE, 2006 « la politique budgétaire et ses effets de seuil sur l'activité économique dans l'UEMOA performance et convergence de politique économique en zone ».

NASSER, A. TIMOMOUNE, et COMBES, Jean-Louis, 2005, « les effets non linéaires de la politique budgétaire dans l'UEMOA »

NGUESSAN, Tchetché, 1996, *Gouvernance et politique monétaire*, Ed Harmattan, 281 P.

OLSON, Mancur and Bailey, Martin, fevrier 1989, "Positive time preference", Journal of Political Economy, vol.89, PP .1-25.

PAGANO, Marco, 1993, “Financial markets and growth: an overview”, Economic Review., Vo1.37, PP.613-622.

PASCALON, Pierre, 1985, *Théorie monétaire*, édition de l’épargne, Paris, 572P.

PATAT Jean-Pierre, 1993, *Monnaie, Institutions financières et politique monétaire*, ed. Economica, 200P.

PATINKIN, Don, 1965, *Monnaie*, L’intérêt et les prix, Presses Universitaires de France, Paris, 741 P.

PATINKIN, Don, 1968, “Financial intermediaries and the logical structure of monetary theory”, the American Economic Review, vol.11, PP .95-116.

PHAN, Duc-Loi, 1982, Economie de la croissance, Editions Economica, Paris, 292 P.

PIGOU, Arthur, 1917, *The value of money, réimprimer “ dans reading in monetary theory”*, GAlien et University Ltd, Londres, 1952.

POLAK, Jacques, 1997, “The lMF monetary mode!”, IMF working paper, Washington, DC.

POSTLEWAITE Andrew, and VIVES Xavier, 1987, “Bank runs as an equilibrium phenomenon”, Journal of Political Economy, vo1.95, PP .485-491.

RAMSEY, Frank, 1928, “A mathematical theory of saving”, Economic Journal, Vo1.39, PP.1-45.

RAMSEY, Frank, 1927, “A. contribution to the theory of taxation”, Economic Journal march 1927, P.47-61

REDSLOB, Alain, 1989, *Théorie macroéconomigue*, Editions Litec, Paris, 445P.

RICARDO, David, 1802, *On the principal of political economy and taxation*, Cambridge University press en 1951.

ROMA, M., 1982, "Inflationary biais of the federal reserve system", Journal of Monetary Economy, Vol. 10, N° 2, PP.163-190.

ROMER, David, 1986, "Financial intermediation, reserve requirement and inside money", Journal of Monetary Economies, vol.61, PP.175-194.

ROMER, Paul, Oct 1990, "Endogenous technological change", Journal of Political Economy, Vo1.98, PP.71-102.

ROQUES, Bernard-Louis, 1992, *Le marché monétaire*, ed Librairie Vulbert, 202P.

SALIN, Pascal, 1974, *Economie Internationale*, Tome I, Armand Colin, Paris, 282 P.

SAMUELSON, Paul, 1958, "Aspects of public expenditure theories", Review of Economics and Statistics, vo1.40, PP .332·338.

SCHUMPETER, Joseph, 1912, The theory of Economic Development; an inquiry into profits, capital. credit, interest and the business cycle.

SCHMPETER, Joseph, 1934, " *The theory of Economic development : an inquiry into profits, capital credit, interest and the business cycle.*

SHAW, Edward, 1990, *Financial Development in Taiwan.* Conference on financial Development in Japan, Korea and Taiwan.

SHAW, Edward, 1992, "The welfare effects of economic liberalization under financial markets;', Academia Economics Papers, vo1.20, PP.697-716.

SHAW, Edward, 1973, *Financial deepening in Economic Development*, Oxford University Press, New York.

SHAW, Edward, 1975, "Inflation, finance and capital markets", Federal Reserve Bank of San Francisco Economic Review, December, PP .5-20.

SHUGART, W et TOLLISSON, R., 1983, "Preliminary evidence on the use of inputs by the Federal Reserve System", American Economic Review, vol. 73, PP.291-304.

SCOTT, Maurice, 1989, A new view of economic growth, Clarendon Press, Londres, 225P. ,

SCOTT, Maurice, 1992, "A new theory of endogenous economic growth", Oxford review of economic Policy, Londres, vol.8, PP29-42.

SELGIN, G., 1994, "How would the invisible hand handle money", Journal of Economic Litterature, vo1.32, PP.1718-1749.

SMITH, Adam, 1776, *An inquiry into the nature and causes of the wealth of nations*, Strakan and T. Cadell, London.

SMITH, Vera, 1990, *The rational of central banking and the free banking alternative*, premiere edition, Liberty Press, Indianapolis.

SIDRAUSKI, Miguel, 1975, "Inflation and economic growth", Journal of Political Economy; vo1.21, PP. 776-810.

SPEARS, Annie, 1991, "Financial development and economic growth - causality tests", Atlantic Economic Journal., vol.19, PP66-72.

STIGLITZ, J. et BLINDER, A, 1983, "Money, credit constraints and economic activity", American Economic Review, vol. 73, PP .297. 302.

STIGLITZ, J. et WEISS A, 1981, "Credit constraints rationing in markets with imperfect information", American Economic Review, vol.71, PP.393-410.

SWOBODA, H. K, 1997, *Monetary approach to worldwide inflation*, Krause and Sal ant ed.

TAYLOR, John 1993, "Discretion versus policy rules in practice", Cornegie-Rochester conference series on public policy, PP.195-214.

TAYLOR, Lance, 1983, *Structuralist macroeconomics: Applicable models for the third world.*

TCHUNDJANG, Pouemi Joseph, 1980, *Monnaie. Servitude et Liberte*, Editions J.A, Paris, 284 P.

TOBIN, James, 1980, *Asset accumulation and economic activity*, Basil Blackwell.

TOBIN, James, 1965, "Commercial banks as creators of money", Banking and Monetary Studies, PP. 400-419.

TULLOCK, G., 1965, *The politics of bureaucracy*, London, Institut of public affairs.

UEMOA, la convergence économique, zone CFA, documents officiels de réunion du Conseil des Ministres de l'Economie et des Finances de la zone CFA

UEMOA, "organisation de l'UEMOA"

UEMOA, 1972, *Statut de l'Union Monétaire de l'Afrique de l'Ouest*, 26P

UEMOA, 1994, *Traité de l'Union Economique et Monétaire de l'Afrique de l'Ouest,* 41 P.

UNGER, Horst, EVAN, Owen & N'BERG' Peter, Mai 1983, "The West African Union and the theory", IMF Occasional Paper.

VAN WIJNBERGEN, Sweder, 1982, "Stagflationary effects of monetary stabilisation policies A quantitative analysis of South Korea", Journal of Development Economics, PP.147-156.

VAN WIJNBERGEN, Sweder, 1983, "Interest rate management in LDCs", Journal of Monetary Economics, vol.12, PP.433-452.

WALDO, D., 1985, "Bank runs, the deposit currency ratio and the interest rate", Journal of Monetary Economics, Vol.15, PP.93 -109.

WATSON, Maxwell, 1986, "International capital markets: development and propesCts" IMF and World Bank Financial Surveys.

WORLD BANK, 1989, The evolving role of IDA, World Bank, Washington, D.C. 1989.

ZELDES, S, 1989, "Consumption and liquidity constraints: an empirical investigation", Journal of Politlcal Economy, vo1.97, N°2, PP.305-346.

ZONE FRANC, 1994, Rapports 1990 et 1994.

Politique

aux éditions L'Harmattan

Dernières parutions

RÉFORMER L'ADMINISTRATION ET RÉFORMER L'ÉTAT
Jalons historiques et juridiques
Sous la direction de Sébastien Evrard
Le thème de la réforme est un élément permanent du discours politique et un enjeu essentiel du débat démocratique : ceux qui n'ont pas le pouvoir en font un objectif de leur programme qui justifie leur combat ; ceux qui détiennent l'autorité prônent la réforme et le changement pour justifier leur maintien au pouvoir. Ces contributions traitent des réformes dans le temps et l'espace, réformes rêvées, réformes tentées, inachevées ou réussies de la République romaine aux Révolutions arabes d'aujourd'hui.
(Coll. Questions contemporaines, 26.00 euros, 252 p.)
ISBN : 978-2-343-05789-7, ISBN EBOOK : 978-2-336-37445-1

LE TOURNANT ENVIRONNEMENTAL DE LA POLITIQUE AGRICOLE COMMUNE
Débats et coalitions en France, en Hongrie et au Royaume-Uni
Ansaloni Matthieu
Après avoir retracé, à l'échelle européenne, la définition des mesures agroenvironnementales, l'auteur compare les politiques agroenvironnementales menées dans différents pays d'Europe. L'analyse suggérée repose sur une vaste enquête empirique, conjuguant les méthodes sociologiques et ethnographiques. Cet ouvrage propose une lecture originale d'une politique européenne : il considère ses changements aux échelles européenne, nationale et régionale et les analyse à travers l'examen des débats publics qui les ont générés.
(Coll. Logiques politiques, 37.50 euros, 372 p.)
ISBN : 978-2-343-05906-8, ISBN EBOOK : 978-2-336-37403-1

RENAÎTRE, OU DISPARAÎTRE
Borel Félicien
L'auteur approfondit ici quelques idées sur des sujets majeurs. La nature qui nous entoure est notre seul habitat. Il est important de réfléchir sur les périls qui la menacent. Les responsables qui conduisent leur pays arrivent à des carrefours où il faut choisir les bonnes voies. Il convient aussi de préparer l'avenir par une éducation appropriée et de nous préoccuper de notre langue. Notre civilisation se trouve aujourd'hui face à un avenir incertain : elle peut renaître ou risquera de disparaître.
(Coll. Questions contemporaines, 30.00 euros, 300 p.)
ISBN : 978-2-343-04388-3, ISBN EBOOK : 978-2-336-36094-2

NATION (LA) OU LE CHAOS
Manifeste pour le renouveau
Myard Jacques
Notre pays est-il condamné à voir croître jour après jour le nombre de chômeurs et de ceux qui partent tenter ailleurs leur chance ? Jusqu'à quand acceptera-t-il de laisser à Bruxelles et à l'Amérique le soin de décider à sa place ? Faut-il jeter la Nation aux orties ? L'auteur démasque derrière les maux de la France les renoncements, les pièges et les chimères, qui, de l'euro à la repentance, lacèrent notre pacte social. Il appelle à un renouveau qui partira d'une nation fière et confiante en ses atouts.
(16.50 euros, 160 p.)
ISBN : 978-2-343-04846-8, ISBN EBOOK : 978-2-336-36251-9

DE LA COLÈRE EN L'OCCIDENT FANTÔME
Essai
Teixeira Vincent
L'Occident n'a cessé de bruire de colères, masquant sa volonté de puissance sous la bannière de «la civilisation». Mais son devenir récent inquiète, tant la domination techno-industrielle, l'hyperconsommation, la religion du progrès s'avèrent aussi aventureuses qu'empoisonnées. Aux mutilations de la planète s'ajoutent la domestication des esprits. La colère ne devrait-elle pas renouer avec les pouvoirs de la parole, comme contre-poison et refus de consommer le monde ?
(12.00 euros, 106 p.)
ISBN : 978-2-343-04859-8, ISBN EBOOK : 978-2-336-36192-5

CONTRAT (LE) CITOYEN
Essai sur la réduction des inégalités politiques et socio-économiques pour un monde meilleur
Diouf Lamine Diack
L'auteur préconise la mise en œuvre à l'échelle planétaire d'une politique de concertation et de collaboration entre les peuples pour mettre en place des solutions justes et durables. Seuls les citoyens peuvent ressusciter le droit, la vertu et la solidarité. Ce livre, en plus de rafraîchir la mémoire en revisitant l'histoire de la République de l'Antiquité à nos jours ainsi que les textes des grands penseurs, est fondateur du XXIe siècle et utile pour un futur meilleur.
(24.00 euros, 240 p.)
ISBN : 978-2-296-99887-2, ISBN EBOOK : 978-2-336-36026-3

MISÈRE DE LA DÉMOCRATIE
Pour une réingénierie de la politique
Cognard Alain
Après un siècle de guerres planétaires, un siècle de pillage et d'escroquerie prend racine. Comment les peuples pourront-ils reprendre la main et retrouver un intérêt commun dans la poursuite d'une aventure humaine devenue si fragile ? La réponse tient dans le développement spectaculaire des compétences des individus et des groupes qui peuvent aujourd'hui commencer une réingénierie de la politique et évincer ceux qui profitent du système au lieu de le réformer.
(Coll. Questions contemporaines, 24.00 euros, 230 p.)
ISBN : 978-2-343-04171-1, ISBN EBOOK : 978-2-336-36126-0

C'ÉTAIT LA DÉMOCRATIE

Anthologie commentée de textes sur la démocratie antique, ses réussites et ses dérives

Ségur Philippe

Voici une présentation attractive et commentée de la démocratie athénienne à travers les textes d'historiens, de philosophes, d'orateurs, de tragédiens, de poètes comiques de l'Antiquité : Eschyle, Sophocle, Euripide, Aristophane, Hérodote, Thucydide, Platon, Isocrate, Aristote, Eschine, Démosthène. On comprend combien leur approche de la politique était moderne et à quel point certaines difficultés de l'époque sont proches de celles que nous connaissons aujourd'hui.

(Coll. Logiques Juridiques, 14.00 euros, 140 p.)

ISBN : 978-2-343-04441-5, ISBN EBOOK : 978-2-336-35984-7

POUVOIRS, IMPOSTURES

Du mensonge à l'encontre des peuples

Péruisset-Fache Nicole

Afin d'accepter sa condition, notre espèce a, au cours de sa longue histoire, eu recours aux dieux censés gouverner les affaires humaines. Néanmoins, au fil du temps et des progrès techniques et scientifiques, des substituts matériels tels que l'argent, la consommation, et l'omniprésence des médias de masse les ont remplacés. Recours aux dieux ou à des substituts sont sous-tendus par les pratiques d'imposture des puissants à l'encontre des peuples. Ce sont ces pratiques des puissants que cette analyse tente de mettre en lumière pour, si possible, permettre de les déjouer.

(Coll. Questions contemporaines, 22.00 euros, 224 p.)

ISBN : 978-2-343-04788-1, ISBN EBOOK : 978-2-336-36091-1

MER (LA) ROUGE OU L'ÉPREUVE DU DEUX

Ramond Michèle

Le monde actuel nous alarme par ses divisions intolérables et criminelles. Injustices, inégalités, sexisme, misogynie, homophobie, haine de l'autre, meurtres et guerres tous azimuts imposent jour après jour le fantôme d'un Dieu Deux terrifiant et cruel. Cet essai examine l'état divisé de notre société mais il s'efforce aussi de trouver des remèdes à ses maux : dans ces moments de grâce il rencontre les propositions de la littérature et il se transforme parfois en une rencontre amoureuse sur les bords de la Mer Rouge.

(Coll. Créations au féminin, 16.50 euros, 168 p.)

ISBN : 978-2-343-04738-6, ISBN EBOOK : 978-2-336-36183-3

DES ÉTATS *DE FACTO*

Abkhazie, Somaliland, République turque de Chypre nord...

Bonnot Maurice

Anomalies du système international, les États de facto, autoproclamés, non reconnus, existent malgré le vide juridique dans lequel ils sont relégués, tels l'Abkhazie, le Haut-Karabagh, le Kossovo, l'Ossétie du Sud, la République turque de Chypre nord, la Transnistrie, la RASD (République Arabe Sahraouie Démocratique). Nombre de leurs aspects sont d'une normalité avérée, loin des

clichés de terres laissées à l'anarchie que certains se plaisent à opposer aux États souverains, ordonnés et stables.
(27.00 euros, 264 p.)
ISBN : 978-2-343-04074-5, ISBN EBOOK : 978-2-336-36121-5

PEUPLES AUTOCHTONES ET INDUSTRIES EXTRACTIVES
Mettre en œuvre le consentement, libre, préalable, informé
Sous la direction de Cathal Doyle et Jill Carino.
Trois organisations britanniques de la société civile ont établi, avec des représentants autochtones, un consortium pour le développement d'un projet visant à rendre effectif, dans l'industrie minière, le consentement préalable, libre et informé (FPIC en anglais, CPLI en français). Le présent rapport doit servir de base pour le dialogue. Il comprend à la fois des éléments de droits, le point de vue des autochtones, des études de cas aux Philippines, Canada, Panama et identifie les principaux enjeux et perspectives.
(Coédition GITPA / IWGIA France, Coll. Questions autochtones, 20.00 euros, 186 p.)
ISBN : 978-2-343-04698-3, ISBN EBOOK : 978-2-336-35993-9

OCÉAN ALERTE ROUGE
Chroniques d'un désastre annoncé
de Pompignan Nathalie, Albanel Constance – Préface de Bertrand de Lesquen
L'océan occupe 70% de la surface de notre planète. Vaste, on le croit indestructible. Il ne l'est pas. Désormais nous le savons, sa santé est en péril : immenses zones marines mortes, continent de plastique, disparition de récifs coralliens... A partir de données scientifiques et d'études reconnues, ce livre dresse un état des lieux des menaces, des risques et des actions collectives en cours sur le sujet.
(26.00 euros, 258 p.)
ISBN : 978-2-343-03817-9, ISBN EBOOK : 978-2-336-35675-4

FIN (LA) DU CAPITAL
Pour une société d'émancipation humaine
Prone André – Préface de Samir Amin
L'interventionnisme militaire, l'accaparement par les grandes puissances internationales des terres et des ressources des pays tiers, la montée des néofascismes, la profondeur de la crise généralisée, tout cela mène l'auteur à faire l'hypothèse de la fin du capital et de l'imminence d'une nouvelle phase historique. A partir de cette probabilité signifiante, il approfondit la matrice écomuniste dans le prolongement de la pensée marxienne, tout en recherchant le meilleur moyen d'ouvrir la voie à une société d'émancipation humaine.
(Coll. Questions contemporaines, 15.00 euros, 154 p.)
ISBN : 978-2-343-03950-3, ISBN EBOOK : 978-2-336-35369-2

L'HARMATTAN ITALIA
Via Degli Artisti 15; 10124 Torino
harmattan.italia@gmail.com

L'HARMATTAN HONGRIE
Könyvesbolt ; Kossuth L. u. 14-16
1053 Budapest

L'HARMATTAN KINSHASA
185, avenue Nyangwe
Commune de Lingwala
Kinshasa, R.D. Congo
(00243) 998697603 ou (00243) 999229662

L'HARMATTAN CONGO
67, av. E. P. Lumumba
Bât. – Congo Pharmacie (Bib. Nat.)
BP2874 Brazzaville
harmattan.congo@yahoo.fr

L'HARMATTAN GUINÉE
Almamya Rue KA 028, en face
du restaurant Le Cèdre
OKB agency BP 3470 Conakry
(00224) 657 20 85 08 / 664 28 91 96
harmattanguinee@yahoo.fr

L'HARMATTAN MALI
Rue 73, Porte 536, Niamakoro,
Cité Unicef, Bamako
Tél. 00 (223) 20205724 / +(223) 76378082
poudiougopaul@yahoo.fr
pp.harmattan@gmail.com

L'HARMATTAN CAMEROUN
BP 11486
Face à la SNI, immeuble Don Bosco
Yaoundé
(00237) 99 76 61 66
harmattancam@yahoo.fr

L'HARMATTAN CÔTE D'IVOIRE
Résidence Karl / cité des arts
Abidjan-Cocody 03 BP 1588 Abidjan 03
(00225) 05 77 87 31
etien_nda@yahoo.fr

L'HARMATTAN BURKINA
Penou Achille Some
Ouagadougou
(+226) 70 26 88 27

L'HARMATTAN SÉNÉGAL
10 VDN en face Mermoz, après le pont de Fann
BP 45034 Dakar Fann
33 825 98 58 / 33 860 9858
senharmattan@gmail.com / senlibraire@gmail.com
www.harmattansenegal.com

L'HARMATTAN BÉNIN
ISOR-BENIN
01 BP 359 COTONOU-RP
Quartier Gbèdjromèdé,
Rue Agbélenco, Lot 1247 I
Tél : 00 229 21 32 53 79
christian_dablaka123@yahoo.fr

www.ingramcontent.com/pod-product-compliance
Lightning Source LLC
LaVergne TN
LVHW010936061026
849535LV00007B/2419

9782343107301